쫓겨난 권력자

쫓겨난 권력자

무도한 시대, 무도한 권력자들의 최후

박천기 지음

différance

들어가는 말

혁명(革命)이란 단어가 최초로 등장한 곳은 『주역(周易)』이다.

天地革而四時成 湯武革命 順乎天而應乎人 革之時大矣哉
'하늘과 땅이 변혁하여 사시(四時)를 이루듯 상(商)나라 탕왕(湯王)과 주(周)나라 무왕(武王)의 혁명(革命)은 하늘을 따르고 사람들에 응하며 때에 맞게 하는 것이다.'

위에서 말하는 탕왕(湯王)은 하(夏)의 폭군 걸(桀)을 무너뜨리고 상(商)을 세웠고, 무왕(武王)은 상(商)의 폭군 주왕(紂王)의 목을 베고 역시 왕위에 올랐다.

이에 제선왕이 "신하가 군주를 시해함이 옳은 일인가?"라고 의문을 제기하자 맹자는 다음과 같이 답변한다.

"인(仁)의 파괴자는 역적이고 의(義)의 파괴자는 흉악범입니다.

역적이나 흉악범은 범부(凡夫)일 따름입니다. 주(紂)라는 범부를 처단했다는 말은 들었어도 군주를 시해했다는 말은 듣지 못했습니다."

인(仁)의 파괴자는 역적이고 의(義)의 파괴자는 흉악범.

맹자가 혁명의 정당성을 한마디로 요약한 것이다. 우리는 역사상 수많은 폭군과 혼군(昏君)이 인(仁)과 의(義)를 파괴함으로써 자신은 물론 국민을 도탄에 빠뜨리고 종국에는 권력에서 쫓겨나는 장면을 수없이 목격해 왔다.

최근 우리에게 익숙해진 탄핵(impeachment)도 어리석고 무도한 지도자를 몰아내는 민주적 절차 중 하나다. 탄핵은 국가의 최고 공직자가 법적, 도덕적, 정치적 책임을 다하지 못했을 때, 헌법적 절차를 통해 그 직위를 박탈하거나 책임을 묻는 제도로 사실 성숙한 민주사회에서도 흔하지 않은 사례이다. 그만큼 탄핵이란 민주적 절차의 마지막 단계이자 최후의 보루를 의미한다.

미국의 저널리스트 존 미첨(Jon Meacham)은 탄핵 심판과 관련해 "민주주의의 성숙도를 측정하는 시험대이며 열정(passion)을 넘어서는 이성(reason), 믿음(faith)을 넘어서는 사실(fact), 그리고 집단(tribe)을 넘어서는 원칙(principle)의 진검승부"라고 말했다.

혁명이 됐건 탄핵이 됐건, 민중을 도탄에 빠뜨리는 어리석은 지도자에 대한 심판은 피할 수 없는 역사적 귀결이라는 사실에는 변함이 없다.

—— * ——

　세상 모든 것을 가진 권력자들의 최후가 언제나 아름다운 것은 아니었다. 특히 권력에 미련을 버리지 못하고 국민에 저항한 자들의 말로는 심히 비참했다. 권력에 중독된 권력자들, 특히 아프리카와 중동, 그리고 아시아와 중남미 등 악명 높은 독재자에게는 다음과 같은 몇 가지 뚜렷한 공통점이 발견된다.

　첫째, 자신의 신화에 종속된 노예가 된다는 점
　둘째, 한 번 장악한 권력은 필히 장기독재로 이어진다는 점
　셋째, 장기독재를 위해 군과 경찰 등 공권력을 정권의 하수인으로 만든다는 점. 그리고 이 과정에 정적 탄압과 무고한 민간인의 희생이 뒤따른다는 점
　넷째, 부정 축재는 부패한 권력의 결과가 아니라 원인이라는 점
　다섯째, 마지막이자 가장 중요한 포인트다. 한때는 선량한 시민 혹은 영웅이었으나 최후는 최악의 독재자로 기록됐다는 점이다.

　'자신의 신화에 종속된 노예가 된다'라는 것은 어느 순간부터 진실을 외면하고 충실한 조언에 귀를 닫으며 오로지 찬양과 아첨에 눈이 멀어 결국 자신이 유일무이한 존재라는 신화 속에 자신을 가둔다는 것을 의미한다. 권력의 아방궁, 십상시의 아첨에 둘러싸여

　　　　　　　　　　　　　　　　　　　　　　　들어가는 말

권력자가 되는 동시에 노예가 되는 것이다.

고언(苦言)을 기꺼이 받아들이는 지도자가 절대로 독재자로 타락할 수 없는 이유다.

게다가 독재자들이 스스로 물러나는 경우는 거의 없다. 그리할 줄 알았다면 애초부터 부패한 권력자나 독재자가 되지 않았을 것이다. 이들이 권력에서 내려오는 경우는 또 다른 쿠데타나 성난 민중의 혁명에 의해서이다. 닉슨의 은폐와 거짓말, 남아공 제이콥 주마의 내란 선동, 아이티 뒤발리에의 광적인 주술 집착, 볼리비아의 셀프 쿠데타 의혹 등 권력자가 득세하고 몰락하는 역사적인 사례는 우리에게 소름 끼치는 기시감을 선사한다.

이 글에는 20~21세기 현대사에 폭군과 독재자 혹은 어리석은 지도자를 의미하는 혼군(昏君)으로 기록된 19명의 권력자가 등장하며, 무도한 시대, 무도한 권력자들의 패악과 그들의 비참한 최후를 함께 다룰 것이다.

이 중에는 무솔리니, 사담 후세인, 차우셰스쿠, 카다피처럼 비참한 죽음을 맞이한 인물도 있고, 폴 포트나 밀로셰비치처럼 급사한 인물도 있으며, 시리아의 알아사드, 필리핀의 마르코스처럼 국민에 쫓겨나 망명을 선택한 비운의 권력자도 있다.

물론 아이티의 뒤발리에나 쿠바의 바티스타처럼 천수를 누린 운 좋은 권력자도 있지만, 이들 또한 최악의 독재자로 역사에 기록됐다는 사실에는 변함이 없다.

미국의 작가 윌리엄 포크너(William Faulkner)는 "과거는 결코 죽지 않으며, 지나간 것 또한 아니다"라고 말했다.

포크너의 말처럼 과거의 기억은 여전히 현실에 작동하며 그 무언가를 우리에게 일깨우고 있다. 그런 깨우침으로부터 아무것도 배우지 못한다면 역사의 진보는 기대할 수 없다. 인간의 어리석음은 실수를 저지르는 것에 있는 것이 아니라 실수를 반복하는 데 있기 때문이다.

거짓된 열정과 허황한 가짜뉴스, 그리고 집단의 이기주의를 넘어서는 진실의 승리, 대한민국은 지금 또 다른 '민주주의의 진검승부'와 마주하고 있다.

2025년 1월 여의도에서

❖ ❖ ❖

목차

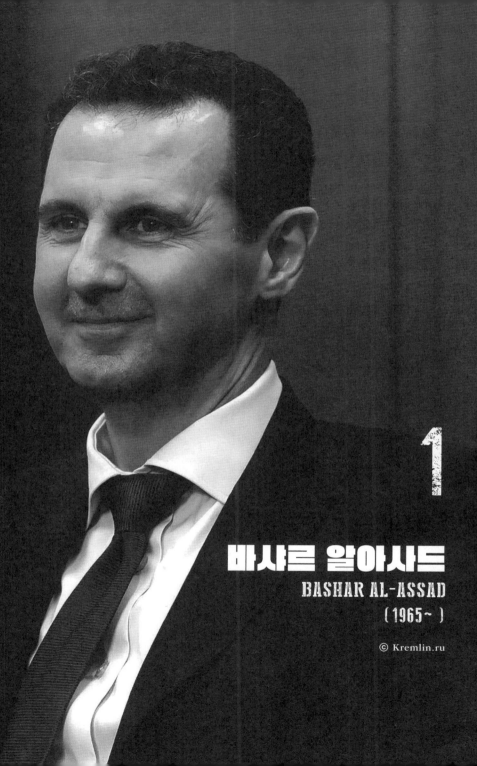

1

바샤르 알아사드

BASHAR AL-ASSAD

(1965~)

시리아를 기억하라

◇◇◇◇◇◇◇

　2024년 12월 9일. 시리아의 독재자 바샤르 알아사드가 수도 다마스쿠스를 버리고 러시아로 망명했다는 속보에 세계는 환호했다.

　하지만 반세기 넘게 잔인한 독재가 남긴 상처는 너무나 크다. 2015년 세계를 울린 한 장의 사진을 먼저 떠올려 보자. 시리아 내전을 피해 가족과 함께 유럽으로 망명하는 길에 배가 전복되는 바람에 튀르키예 해변에 떠밀려 온 한 아이의 사진 말이다.

　아이의 이름은 아일란 쿠르디. 이제 갓 세 살을 넘긴 쿠르디는 차디찬 지중해에 익사한 채 시신으로 떠올랐다. 이 한 장의 사진은 시리아 내전의 심각성을 알리는 동시에 알아사드 정권의 잔혹함을 다시 한번 각인시키는 계기가 됐다. 하지만 이런 비극은 빙산의 일각에 불과하다.

　알아사드가 러시아로 줄행랑친 후 시리아 남부 나즈하와 북부 쿠타이파 등 곳곳에서 발견된 집단 매장 시설은 나치의 유대인 집단 학살을 능가한다는 평가가 벌써부터 나오고 있다. 네덜란드에 본부를 둔 국제실종자위원회(ICMP)는 시리아에 이런 집단 매장지가 최소 66곳 있는 것으로 파악하고 있으며 실종자 규모는 15만 명으로 추산하고 있다. 사실 나즈하와 쿠타이파 등지의 집단 학살은 지난 2020년 독일에서 열린 시리아 전쟁범죄 재판 진행 과정에서 이른바 '무덤 파는 사람(grave digger)'으로 알려진 전 시리아 공무원에 의해 폭로된 바 있다. 시청 직원이었던 그는 근무 당시 매주 일주일에 두 번씩 트레일러와 트럭에 고문과 폭격, 학살로 희생된 수백 구의 시신이 실려와 비인도적인 방식으로 매장됐다고 진술했다. 미국의 전쟁범죄 담당 대사를 지낸 스티븐 랩은 최근 두 지역을 방문한 이후 가진 기자회견에서 "나치 이후 이런 일은 본 적이 없다"라며 "죽음의 시스템이 된 국가 테러 시스템"이라고 놀라워했다.[1]

　아사드 일가의 만행은 자국민을 상대로 한 테러에 그치지 않는다. 최근 튀르키예의 한 외신은 망명한 아사드가 러시아로 빼돌린 외화가 1,350억 달러(한화 약 193조 원)에 이를 것이라고 보도했다. 영국의 글로벌 금융분석 사이트인 파이낸스 뉴스도 아사드와 그의 가족, 지인들이 시리아 전체 부의 약 4분의 3을 차지하고 있으며 부동산과 석유, 예술품, 현금 보유액을 고려해 대략 600억~1,220억 달러(한화 약 85조~174조 원)의 자산을 보유하고 있다고 보도했다. 반군이 다마스쿠스를 점령한 후 아사드의 대통령 궁에서 찍은 영상을 보면 페라리를 비롯한 수백 대의 고급 차와 루이비통 등 초호화 명품들이 곳곳에 널려 있는 모습이 고스란히 담겨 있다.

급하게 도망치느라 미처 챙기지 못했을 뿐, 사치의 끝판왕이었던 아사드 일가의 흡혈 잔치는 아직 다 밝혀지지 않았다. 이를 두고 사람들은 '세계에서 가장 부유한 난민'이라고 비꼬았다.

시리아 내전은 종식됐지만 다마스쿠스와 알레포를 비롯한 도시들은 여전히 여행하기에 안전한 곳이 아니다. 외교부 홈페이지에도 시리아는 여전히 여행 금지지역이다.

최근 시리아가 내전과 난민 문제 등 부정적인 국제뉴스로 자주 등장하지만, 구약시대에는 다메섹을 수도로 '아람(Aram)왕국'을 건설하고 중근동 일대에서 부를 축적해 융성했던, 찬란한 문화와 역사를 자랑하는 나라이다. 무엇보다 이곳은 사도바울이 예수를 믿음으로 만나 회심(回心)한 곳으로, 구약과 신약에서도 자주 언급되는 종교적 성지(聖地)이기도 하다. 꼭 종교적인 이유가 아니더라도 시리아는 방문할 가치가 충분한, 고대 역사가 살아 숨 쉬는 인류문화의 보고(寶庫)이다.

찬란했던 시리아의 영광도 서구열강의 침탈 앞에서는 무력했다.

　　　　　　　　　　　　　　　　　바샤르 알아사드

그리고 현대 시리아를 이해하려면, 프랑스 식민 시절 당시 시리아 내부의 상황을 이해할 필요가 있다. 시리아는 소수의 시아파와 다수의 수니파로 나누어져 있었는데, 식민 통치의 기본 정석인 분리 통치에 기반해 프랑스 식민당국은 소수인 시아파를 등용함으로써 다수인 수니파를 통제하기를 원했다. 그리고 시아파의 한 부류인 알라위파를 군 요직에 앉혀 군대를 장악하도록 지원했다. 이들 가운데 한 명이 바로 알아사드의 아버지이자 전임 대통령이었던 하페즈 알아사드이다.

1970년 당시 시리아의 국방장관을 맡고 있던 하페즈 알아사드는 군사 쿠데타로 정권을 장악한 이후 2000년 사망할 때까지, 무려 30년간 권좌에 있었고 그 대를 이어 대통령에 오른 아들 알아사드는 2000년 대통령에 취임한 이후 2024년 11월 수도 다마스쿠스로 진격해 오는 반군을 피해 러시아로 줄행랑을 놓을 때까지 무려 24년을 권좌에 앉아 있었다.

3대에 걸쳐 무려 70년간 권력 세습 중인 북한에 견줄 바는 아니지만, 무려 반세기가 넘게 권력을 유지하면서 이들 부자가 자행해 온 각종 부패와 반인륜적인 범죄행위는 그 어떤 세습 정권도 혀를 내두를 정도다. 2011년 중동을 뒤흔든 '아랍의 봄' 시기에 시리아에도 민주화의 열풍이 불어왔고 아사드 정권 또한 위기를 맞는 듯 보였지만 그의 권력은 예상보다 길게 지속됐다.

시리아 아사드 정권을 지탱해 주는 배후에 러시아와 이란이 있고 실제로 위기에 몰린 알아사드를 살린 것은 이란의 혁명수비대와 푸틴이 보낸 러시아의 폭격기였다. 특히 러시아가 지원한 폭격은 반군 지역과 민간인 지역을 가리지 않고 자행돼 수많은 민간인 피해를 야기했다.

시리아 내전의 난맥상

바샤르 알아사드는 원래 영국 런던에서 개업한 안과의사였다. 아버지 하페즈 아사드의 대를 이어 시리아의 권력자에 올랐을 때, 사람들은 그를 '닥터 바샤르'라고 부르며 서구식 교육을 받은 이 젊은 지도자에게 나름의 개혁 정치를 기대했다. 기대는 오래가지 않아 커다란 실망과 분노로 변했다. 그는 아버지를 능가하는 독재자의 DNA를 가지고 있었다.

시리아 내전은 2011년 3월, 다라(Daraa)라고 불리는 시리아 남부의 작은 도시에서 시작됐다. 이곳의 10대 아이들이 학교 벽에 아사드 정권 퇴진을 요구하는 문구를 적었다. 아랍의 봄 시기에 흔하게 볼 수 있는 민주적 요구의 하나였지만, 시리아 경찰은 낙서한 아이들을 끝까지 색출해 잔인하게 고문하는 만행을 저지른다.

이에 분노한 다라 시민들이 거리로 나섰고, 시리아 정부는 장갑

차까지 동원해 시위대에 발포하면서 대규모 유혈사태로 번진다. 이런 강력 진압에도 불구하고 시위는 수도 다마스쿠스를 비롯한 전국으로 퍼져 나간다.

시리아 내전은 글자 그대로 내전으로 시작됐지만, 세상의 모든 갈등과 분쟁이 한 곳에 녹아 있는 그야말로 '분쟁의 용광로'로 변한다. 웬만한 중동 전문가도 시리아 내전을 둘러싼 복잡한 갈등 구조에는 혀를 내두를 정도다.

알아사드가 속한 알라위파 무슬림은 '시아파'의 한 부류로 시리아에서는 15% 내외의 소수파에 해당한다. 중동에서 시아파 종주국으로 통하는 이란이 아사드 정권을 옹호하는 이유이다. 아울러 역시 시아파인 레바논 헤즈볼라도 아사드 정권에 우호적이다. 여기까지는 쉽다. 적어도 시아파와 수니파를 기준으로 생각하면 말이다.

그렇다면 러시아가 국제적 비난에도 불구하고 아사드 정권을 지지했던 이유는 무엇일까? 그리고 많은 망명지 가운데 아사드가 최종적으로 러시아를 선택한 이유는 또 무엇일까?

아사드의 시리아와 푸틴 러시아의 밀월관계는 그 역사가 깊지만, 무엇보다 러시아의 유일한 중동지역 해군기지가 시리아에 있다는 사실에 주목해야 한다. 러시아는 2015년 시리아 내전에 개입해 아사드 정권을 지원하면서 지중해에 접한 흐메이밈 공군기지를 사용해 왔고 시리아에서 두 번째로 큰 항구인 타르투스에 해군기지를 두고 있다. 두 기지 모두 러시아 입장에서는 지중해와 중동, 아프리카로 군사력을 확대할 수 있는 핵심적인 요충지에 해당한다.

한마디로 시리아는 러시아의 중동지역의 전략적 파트너 역할을 해왔고, 그 배후에는 아사드 정권이 있었던 것이다.

굉장한 나비효과의 여파겠지만, 러시아가 우크라이나와의 전쟁으로 제 코가 석 자인 상태고, 이란도 이스라엘과의 분쟁으로 아사드를 도울 여력이 없었다. 심지어 최근 외신 보도에 따르면 이란은 시리아 아사드 정권에 빌려 준 수십억 달러의 돈을 떼일 위기에도 처해 있다. 암튼, 이렇게 시리아-이란-러시아의 삼각동맹 관계를 정리하면 시리아 정권의 갑작스러운 붕괴가 조금은 이해가 될 것이다.

여기서 조금만 더 나가 보자. 지금은 세력이 많이 위축됐지만, 한때 기승을 부리던 IS는 대부분 수니파로 분류된다. 러시아가 IS를 때려잡는 데 선봉에 서고 이 지역에서 약화된 미국의 영향력을 대체한 것도 이 맥락에서 이해하면 된다.

그러나 앞서 분류한 수니-시아 기준이 언제나 만능열쇠는 아니다. 같은 수니파인 IS와 반(反) 아사드 기치를 내건 수니파 중심의 시리아 민주화군은 초기 동맹관계를 깨고 서로 적으로 갈라섰다. 여기서부터 시리아 내전의 복잡성은 더해진다.

여기에 튀르키예와 쿠르드족, 그리고 미국까지 끼어들면 그 셈법은 더 복잡해진다. 반군을 지원해 왔던 튀르키예가 미소를 짓고 있는 반면에 반군을 테러 집단으로 규정했던 미국은 지금 혼란에 빠져 있다.

바샤르 알아사드

어떤 셈법이 되든지, 아사드 정권이 오로지 정권 유지를 위해 수없이 많은 자국민을 고문하고 학살한 천인공노할 살인자라는 사실에는 변함이 없다.

〈사마에게〉가 주는 교훈

◇◇◇◇◇◇◇◇

2011년 중동과 북아프리카에 불어닥친 '아랍의 봄'은 시리아에서도 예외는 아니었다. 민주화를 요구하는 민중의 목소리가 높아지기 시작했고 독재자 아사드는 지독한 폭력으로 이에 대응했다.

다큐멘터리 영화 〈사마에게〉는 2012년부터 2018년까지 6년간 아사드 정권과 이를 지원하는 러시아에 의해 포위된 알레포에 남아 저항하던 시민기자 와드가 기록한 영상을 담고 있다.

와드는 내전 당시 알레포 대학 4학년에 재학 중인 학생이었고 같은 대학 의과대를 다니던 함자와 사랑에 빠져 결혼하고 딸 사마를 낳는다.

알레포는 시리아 북부에 위치한 도시로 다마스쿠스와 함께 세계에서 가장 오래된 역사의 도시이기도 하다. BC 2000~1000년 사이에는 히타이트, 미타니 왕조, 이집트 등에게 차례로 지배를 받았고 지중해 연안 지역과 동방을 잇는 고대 대상로의 관문으로서 BC

6~4세기에는 아케메네스왕조 페르시아의 지배를 받았으며, BC 1세기에는 고대 로마의 한 주였던 시리아에 흡수·통합되었다.

비잔틴 제국 치하에서 번영을 누리던 알레포는 637년 아랍인들에게 정복되었고, 1516년에는 오스만투르크에 합병되어 18세기 말까지 번성했으며, 20세기에 다마스쿠스와 쌍벽을 이루는 산업도시로 발전했다.

하지만 이 찬란한 고대문명의 도시는 폭격으로 완전히 폐허가 된 상태이다.

영화의 배경이 되는 2012~2018년 당시, 알레포는 시리아 민주화 운동의 중심이었고, 아사드의 정부군에 대항한 반군의 주요 거점 도시였다. 일찌감치 도시를 포기하고 빠져나간 사람도 있지만, 알레포에 남아 매일 같이 지옥 같은 정부군과 러시아의 폭격을 견뎌 내는 사람들의 모습은 숭고하기까지 하다.

마치 광주민주화운동 당시 광주도청에 남아 끝까지 항쟁했던 시민군의 모습을 연상케 한다. 다큐 영상은 폭격으로 사망한 시신들을 모자이크 처리 없이 보여 준다. 영화가 끝날 때까지 긴장을 놓을 수 없고 고통스럽기까지 한 이유다.

그러나 이 절망의 도시에서도 사람들은 웃고 부대끼며 사랑하고, 그리고 아이가 태어난다. 사마는 전장(戰場)의 한가운데서 태어난 아이이다. 사마의 맑은 눈동자와 천진한 웃음은 그래서 더욱 애잔하게 느껴진다.

바샤르 알아사드

교활(狡猾), 세상에서 가장 위험한 독재자

◇◇◇◇◇◇◇

튀르키예에 거주하는 4만여 명을 포함해서 고국을 떠났던 시리아 난민들은 이제 하나둘 고향으로 돌아오고 있다. 하지만 폐허가 된 그들의 터전은 누가 보상할 것인가? 더 나아가 반군이 장악한 시리아의 미래도 여전히 불투명하기는 마찬가지다. 비록 독재정권이긴 했지만, 상대적으로 세속주의를 지향했던 아사드 정권에 비해 반군 세력들은 아프간의 탈레반과 같이 이슬람 근본주의에 가까운 사람들이기 때문이다.

알아사드 축출을 주도한 이슬람 수니파 반군 하이아트 타흐리르 알샴(HTS)의 지도자 아흐메드 알샤라는 최근 소셜 미디어를 통해 반군을 해산하고 일련의 개혁 정치를 실시하겠다며 미국을 비롯한 서방세계에 유화의 제스처를 취하고 있다. 하지만 탈레반이 다시 권력을 쟁취한 아프가니스탄의 최근 상황을 고려하면 이 또한 의심스럽기만 하다.

최근 뉴욕 타임스의 보도에 따르면, 아사드는 대국민 연설 준비를 한다는 명분으로 최측근마저 감쪽같이 속인 뒤 은밀하게 다마스쿠스를 탈출 후 모스크바로 향했다고 한다. 부정 축재한 재산도 미리 안전한 곳으로 빼돌린 것은 두말할 필요도 없다.

잔인한 독재자의 교활한 모습이 아닐 수 없다.

교활(狡猾)은 원래 사람의 모양을 하고 있지만 온몸에 짐승의 털로 뒤덮인 상상의 동물을 이르는 말로 호랑이에게 일부러 잡아먹힌 후 그 몸속을 파먹으며 결국 호랑이마저 쓰러뜨리는 흉측한 괴물이다. 시리아의 곳곳을 파먹으며 국민을 도탄에 빠뜨린 아사드 정권은 교활을 닮아 있다.

잔인한 독재보다 위험한 것은 무지한 독재이며 무지한 독재보다 무서운 것은 교활한 독재다.

그리고 교활한 독재자에 희생된 이들을 위해 우리가 할 수 있는 최소한의 의무는 수많은 사마와 쿠르디를 기억하며, 잊혀 가는 시리아의 비극을 기억하는 일일 것이다.

2

에보 모랄레스
JUAN EVO MORALES AYMA
（1959~ ）

© Kremlin.ru

3시간짜리 '셀프 쿠데타' 의혹

◇◇◇◇◇◇◇◇

　지난 12 · 3 비상계엄 사태와 관련해 윤석열 대통령은 2시간짜리 내란이 세상 어디에 있냐고 항변했다. 하지만 중남미의 볼리비아에서는 실제로 3시간짜리 쿠데타가 발생한 적이 있다. 그것도 아주 최근에 말이다.

　지난 2024년 6월 26일 오후 3시(현지 시각) 탱크와 장갑차로 무장한 볼리비아 군이 수도 라파스에 있는 대통령 궁을 포위하고 루이스 아르세 대통령의 하야를 요구하다 3시간 만인 오후 6시에 물러났다. 당시 외신은 중남미 역사상 가장 짧은 쿠데타라고 논평을 한 바 있다.

　군의 쿠데타 소식이 전해지자 시민들은 무리요 광장으로 몰려나

에보 모랄레스

와 군의 철수를 요구했고, 아르헨티나를 비롯한 이웃 나라들도 곧바로 성명을 내고 쿠데타의 불법성을 강조했다. 결국 군은 쿠데타 발생 3시간 만에 철수했다. 여기까지의 상황은 지난 12월 한국이 겪은 비상계엄 사태와 소름 끼치게 유사하다. 다만 차이가 있다면 반란을 주도했던 호세 수니가 장군이 현장에서 곧바로 체포됐다는 점이다. 후폭풍도 만만치 않았다.

체포 직전 기자들에 둘러싸인 수니가 장군이 내뱉은 말 때문이다. 그는 이번 쿠데타가 아르세 현 대통령의 요구에 의해서라고 말했는데, 이것이 사실이라면 이번 쿠데타는 일종의 '셀프 쿠데타'이자 자작극이 되는 것이다.

야당을 비롯한 모랄레스 전 대통령 측에서는 셀프 쿠데타와 관련한 다양한 증거들을 내놓고 있다. 예를 들어, 쿠데타 당시 군이 통신을 다 살려 놓은 것을 비롯해서 군 수뇌부가 쿠데타 3주 전 대통령궁에 모여 아르세 대통령과 사전 모의를 했다는 의혹, 군의 철수가 너무 신속하고 엉성했다는 점 등을 증거로 제시했다.

무엇보다 이번 쿠데타를 주도한 수니가 장군이 모랄레스 전 대통령의 선거 출마에 반대하다 해임된 당사자라는 점이다.(그는 아르세 대통령에 의해 군에 복귀했다)

의혹이 확산되자 쿠데타 다음 날인 6월 27일, 아르세 대통령은 대국민 담화를 통해 "나는 국민의 피로 인기를 얻으려는 정치인이 아니다"라며 "어떻게 자기 자신에 대한 쿠데타를 명령하거나 계획

할 수 있겠냐"라고 반문했다. 그는 이어 이번 쿠데타를 주도한 것으로 지목된 호세 수니가 장군이 "자발적으로 행동한 것"이라며 모든 것이 "정상으로 돌아왔다"라고 강조했다.[2]

그리고 며칠 뒤 쿠데타의 주동자로 체포된 수니가 장군이 포승줄에 묶인 채 법정 앞에 선 모습이 볼리비아 전역에 생중계됐다.

이 극적이면서도 코미디 같은 3시간짜리 쿠데타의 배경에는 에보 모랄레스 전 대통령과 아르세 현 대통령의 갈등이 놓여 있다.

코카 노동자에서 대통령으로

◇◇◇◇◇◇◇◇

사실 모랄레스를 통상적인 독재자로 분류하는 데 동의하지 않는 사람들이 많을 것이다. 나무위키 모랄레스 기록 편에도 "토론을 통해 에보 모랄레스를 독재자라 확정하는 서술을 금하기로 합의하였다"라는 문구가 서두에 게재돼 있다. 필자도 이에 충분히 동의한다. 하지만 모랄레스의 과도한 장기 집권 욕심이 사회적 혼란과 갈등을 빚었고 결국 이것이 그가 저지른 최대의 패착이라는 점, 그리고 부정 선거 의혹으로 그를 선택했던 국민으로부터 버림을 받아 결국 쫓겨난 지도자라는 사실에는 변함이 없다. 그가 앞으로 정치에 복귀해 새롭게 권력을 쟁취한다고 해도 이 사실은 그의 발목을 잡을

에보 모랄레스

가능성이 높다.

에보 모랄레스(Evo Morales)는 1959년 10월 26일 볼리비아 아이마라족의 가난한 농민의 아들로 태어났다. 형편이 어려워 어린 시절부터 학업과 일을 병행했고, 군 제대 후에는 코카 농장에서 날품 노동자로 일했다. 루마니아의 차우셰스쿠가 공장 수선공으로 일하다 만난 인연으로 정치에 뛰어든 것처럼, 모랄레스의 정치인으로서의 꿈은 이곳 코카 농장에서 피어난다. 1980년대 후반부터 1990년대 초반에 걸쳐 모랄레스는 코차밤바 지역의 코카 재배 농민조합 회장이 되어서 코카 재배 농민의 권익을 위해 싸우며 투쟁 경력을 쌓아 간다. 우리로 치면, 지역 농민회장이 돼서 농민의 권익과 쌀값 안정을 위해 투쟁한 전형적인 농민 운동가의 모습이다.

날품팔이 코카 재배 노동자에서 농민 운동가로 변신하고, 다시 중앙 정치계로 뛰어들어 한 나라의 대통령까지 된 모랄레스의 이야기는 한 편의 성공 드라마에 가깝다.

이 밖에도 모랄레스는 여러 가지로 상징적인 인물이다. 볼리비아 첫 원주민 대통령이란 점에서도 그렇고 빈번한 군사 쿠데타와 정치 불안으로 수시로 지도자가 교체되는 중남미 상황에서 무려 14년을 대통령 직에 있었다는 점도 그렇다.

앞서 서두에서 말한 것처럼, 모랄레스를 여타 중남미 국가들의 독재자들과 동일선상에 놓기 어려운 이유는 그의 장기 집권이 무력이나 쿠데타에 의해 유지된 것이 아니라 적어도 확실한 경제성장과 착실히 다져 온 대중적 지지에 바탕을 두고 있다는 점이다. 실제로 2010년대 중후반, 다른 중남미 국가들이 경제 침체에 허덕이거나 아예 모라토리엄 상태에 빠져 있을 때 볼리비아는 연 4%의 안정적인 경제성장률을 기록했다. 모랄레스가 대통령에 당선된 2006년부터 부정 선거 의혹으로 쫓겨난 2019년까지 볼리비아의 1인당 GDP는 1,200달러에서 3,472달러로 3배가량 성장했다.

볼리비아의 경제 규모가 상대적으로 작고 중남미에서도 워낙 최빈국에 속해 있었다는 점을 고려한다면 이런 성과는 모랄레스의 경제운용이 탁월했다는 사실을 증명한다.

하지만 원주민 권익을 대변하는 서민 대통령을 자임했던 모랄레스는 4선 연임에 도전한 2019년 대선에서 부정 선거 의혹으로 결국 사임하고 만다. 물론 모랄레스는 지금까지도 부정 선거 의혹 자체를 부인하고 있다.

하지만 미주기구 OAS는 볼리비아 대선에 부정 선거가 있었다는 감사 결과를 발표했고 볼리비아 군 최고 지휘관(이번 깜짝 쿠데타의 주인공 호세 수니가)까지 나서 압박하자 모랄레스는 결국 멕시코 망명을 선택한다.

망명을 수용한 멕시코 정부는 모랄레스를 태우기 위해 자국 특별 수송기를 볼리비아로 보냈지만 몇몇 나라들이 모랄레스 전 대통령이 탑승한 항공기가 자국 영공을 통과하는 것에 반대하는 바람에 모랄레스를 멕시코로 데려오는 데 어려움을 겪기도 했다는 후일담도 있다.

모랄레스의 하야를 바라보는 두 가지 시선

◇◇◇◇◇◇◇◇

모랄레스의 하야와 관련해서 우리는 이 사태를 매우 객관적인 시각으로 볼 필요가 있다. 모랄레스의 부패 행위와 장기 집권 야욕이 불러온 당연한 귀결인지, 아니면 모랄레스의 집권을 불편해하는 세력의 음모이고 일종의 반혁명 쿠데타인지 말이다. 실제로 모랄레스를 불편한 시선으로 바라보던 미국은 쿠데타라는 표현을 지금까지도 인정하지 않는다.

우선 민족주의 좌파 성향의 모랄레스를 제거하기 위한 쿠데타로 보는 측의 논리는 두 가지로 요약된다.

첫째는 민주적으로 선출된 지도자의 퇴진을 요구하는 데 군부가 합세했고, 둘째는 지난 수십 년 동안 미국이 중남미 지역에서 마음에 들지 않는 지도자를 제거하기 위해 사용한 전술과 매우 비슷하다는 것이다. 쿠바, 베네수엘라, 니카라과 등 중남미 지역의 좌익 정권 지도자들은 모랄레스 전 대통령을 지지하면서 그의 망명을 쿠데타 때문이라고 판단한다. 부정 선거 의혹으로 역시 비슷한 처지에 있는 콜롬비아의 마두로 대통령도 "인종주의의 희생양이 된 볼리비아의 국민들을 수호하기 위해 동맹들이 뭉쳐야 한다"라며 "단언컨대 우리의 형제(모랄레스를 지칭한다)를 지지한다"라고 말했다.

하지만 모랄레스의 하야를 쿠데타로 규정하는 것에 반대하는 진영의 논리는 첫째, 모랄레스가 4선을 금지하는 헌법과 선거법을 무시했으며, 둘째, 개표 결과 모랄레스가 근소한 차이로 승리하기는 했지만 부정 선거의 의혹이 강하다는 점을 그 이유로 들었다. 미국 국무부의 한 고위 관리는 "볼리비아 국민은 정부가 유권자의 뜻을 무시하는 데 신물이 났으며, 정부의 그런 허위 주장을 밀어붙이기 위한 선동과 소요, 폭력이 지속되면서 볼리비아의 민주주의는 무너졌다"라고 반박했다.

혁명동지에서 정적(政敵)으로

◇◇◇◇◇◇◇◇

다시 모랄레스와 아르세의 이야기로 돌아와 보자. 사실 두 사람은 피를 나눈 혁명동지이자 정치적인 동반자였다. 형, 동생 하며 막역했던 두 사람은 이제 원수보다 못한 관계가 됐다. 은밀한 사생활을 폭로하거나 법적인 공방까지 이어지는 등 두 사람의 갈등은 막장으로 치닫는 분위기이다. 지난해 12월 볼리비아 검찰은 모랄레스를 미성년자 인신매매 혐의로 체포 영장을 발부했다. 검찰의 공소장에는 모랄레스가 재임 기간 권력을 남용해 15살 소녀와 성관계를 갖고 아이를 낳게 했다는 혐의가 적시돼 있다. 모랄레스는 자신에 대한 혐의가 아르세 대통령이 꾸민 음모의 일환이며 자신을 미국에 팔아넘기려는 치졸한 수법이라고 강력하게 반발하고 있다.

볼리비아에서는 이 두 사람을 각각 지지하거나 반대하는 세력들의 충돌로 하루도 조용한 날이 없을 정도다. 원인은 간단하다. 권력투쟁.

4선을 향해 달려가던 사내와 그를 막아 새로운 권력을 쟁취한 사내. 한 사람은 부정 선거 의혹과 무능한 정치인이라는 오명을 쓴 채 망명을 떠났고, 다른 한 사람은 그 공백을 이용해 새로운 대통령에 당선됐으나 지금은 셀프 쿠데타라는 새로운 의혹 앞에 서 있다.

'동지는 간데없고 깃발만 나부끼는' 볼리비아의 정치 현실 앞에 대한민국의 오늘이 비추어지는 이유는 무엇일까.

영화 〈33〉 속 감춰진
볼리비아의 흑역사

2010년 8월 5일. 칠레 산호세 광산 붕괴로 현장에서 채굴 중이던 광부 33명이 지하 700m에 매몰된다. 섭씨 32도, 습도 95%의 지하갱도에서 무려 69일을 버티고 살아남은 광부들의 이야기를 바탕으로 만든 영화가 바로 〈33〉이다.

생존 광부들의 실질적인 리더 역할을 했던 인물 배역은 안토니오 반데라스가, 지하에 매몰된 광부 동생을 애타게 기다리는 누나 역할은 줄리엣 비노쉬가 맡았다.

매몰된 광부들의 이야기가 세계적으로 알려지자 칠레 정부는 국가비상사태까지 선포하고 이들의 구조작업에 총력을 기울인다. 그런데 매몰된 33인 광부 가운데 유일하게 볼리비아 출신 광부 한 명이 포함돼 있다. 이 절체절명의 상황에서 칠레 광부들은 대놓고 볼리비아 출신 광부를 무시하고 조롱한다.

볼리비아는 지금도 중남미 최빈국 가운데 하나이기도 하지만, 칠

에보 모랄레스

레와 볼리비아의 역사적인 악연도 한몫한 것으로 보인다.

중남미 지도를 보면 볼리비아는 바다를 접하지 않는 완전한 내륙 국가다.(물론 티티카카호수 연안에 명목상의 해군은 보유하고 있다) 물론 처음부터 그랬던 건 아니다. 전쟁의 배경을 설명하면 길어지지만, 아무튼 1884년 영토 분쟁에서 볼리비아와 페루 연합군이 칠레에 패하면서 태평양 연안의 땅을 잃게 되었고 볼리비아는 오늘날의 내륙국으로 전락하게 된 것이다.(참고로 한때 볼리비아와 페루는 연합 국가를 이룬 적이 있다)

반대로 승전국 칠레는 오늘날 칠레 영토의 3분의 1에 해당하는 광대한 지역을 볼리비아로부터 빼앗아 영토에 편입시켰다. 볼리비아는 지금까지도 이 지역을 자기 땅이라고 주장하며 국제사회에 호소하고 있다. 하지만 중남미 최빈국 볼리비아의 주장에 귀를 기울이는 나라는 거의 없는 것 같다.

암튼, 영화 내내 불편할 정도로 볼리비아 출신 광부를 향한 칠레 광부들의 조롱은 집요하다. 식량이 바닥나면서 볼리비아 광부는 칠레 광부들이 자신을 잡아먹을 것이라는 불안감에 휩싸인다.

영화는 해피엔딩으로 아름답게 마무리되고 모두가 영웅으로 하나가 되지만, 두 나라 사이의 역사를 조금이라도 알고 있는 사람이라면 약소국 볼리비아 출신의 광부가 갱도 안에서 느꼈을 공포와 소외감은 조금 더 특별하게 다가왔을 것이다.

지금도 볼리비아는 가난한 중남미 국가 중에서도 가난한 나라로 손꼽힌다. 원주민의 비율도 중남미 국가들 가운데 가장 높다. 우유니 소금 사막이나 포토시 등 세계적인 관광 명소로 사랑받지만 정작 이 나라 사람들은 수백 년간의 스페인 식민 지배에 이어 지긋지긋할 정도로 반복되는 군사 쿠데타의 트라우마를 숙명처럼 안고 살아가는 사람들이다.

1966년 쿠바혁명의 영웅 체 게바라가 볼리비아 산악지대로 숨어들어 레네 바리엔토스(Rene Barrientos) 군사 정부를 전복하려고 한 이유이기도 하다. 안타깝게도 체 게바라는 1967년 미군의 지원을 받은 볼리비아 정부군에 의해 체포되어 사살된다.

참고로 볼리비아의 국명은 중남미 대륙의 해방자로 불리는 시몬 볼리바르(Simon Bolivar)의 이름에서 유래했다.

에보 모랄레스

3

니콜라에 차우셰스쿠

NICOLAE CEAUSESCU

(1918~1989)

벨라 카롤리는 루마니아를 세계적인 체조 강국으로 만든 전설적인 지도자다. 벨라 카롤리의 대표적인 '작품' 가운데는 뭐니 뭐니 해도 불세출의 체조 요정 코마네치를 빼놓을 수 없다. 1976년 몬트리올 올림픽에 혜성처럼 등장한 코마네치는 올림픽 체조 사상 처음으로 10점 만점을 기록해 세계를 놀라게 했다.

귀여운 외모와 아름다운 몸매를 가진 코마네치는 만인의 연인으로 등극하지만, 그녀에게는 없는 것이 딱 하나 있었다. 그건 바로 미소다.

많은 사람들이 궁금해했다. 사회주의 국가체제에서 기계처럼 길들어져 혹독한 훈련만 반복했기 때문일 것이란 추측이 그나마 가장 합리적인 것이었다. 어떤 기자가 코마네치에게 질문을 한다.

"코마네치, 당신은 왜 웃지를 않죠? 당신 얼굴에서 미소를 보면 많은 사람들이 행복해할 거예요."

코마네치의 대답은 이랬다.

니콜라에 차우셰스쿠

"저는 한 동작이 끝나면 늘 다음 동작을 생각하죠. 다른 것을 생각할 여유가 없어요."

체조 요정 코마네치를 담금질해 세계적 스타로 키운 벨라 카롤리 코치는 1984년 미국으로 망명해 이후 미국 체조 국가 대표 감독이 된다. 코마네치도 28세 되던 1989년에 조국 루마니아를 떠나 역시 미국으로의 망명을 선택한다. 그녀는 망명 후 발표한 자신의 자서전에서 "혹독한 훈련은 참을 수 있었지만, 혹독한 지도자의 폭정은 참을 수가 없었다"라고 밝혔다. 그리고 그녀가 망명한 같은 해 크리스마스인 1989년 12월 25일, 루마니아 최악의 독재자 차우셰스쿠는 자신의 국민들 손에 비참하게 살해돼 지옥의 나락으로 떨어진다. 코마네치가 말했던 '참을 수 없는 폭정'의 주인공이 바로 차우셰스쿠다.

한 소녀의 얼굴에서, 아니 국민 모두의 얼굴에서 미소를 앗아 간 희대의 독재자 차우셰스쿠, 그는 어떤 사람이었을까.

구두 수선공에서 권력자로

◇◇◇◇◇◇◇◇◇

차우셰스쿠가 한창 권력의 정점에 있을 때 그에게 아부하는 무리들이 그를 부르는 호칭이 있었다.

"정열적이고 총명하며 매력적인 인격의 영원한 우리 지도자!"

솔방울로 총알을 만들었다는, 우리가 잘 아는 어느 지도자에는 미치지 못하지만, 이 정도면 가히 신격화 수준의 찬양이다. 그러나 이런 '완벽한' 지도자도 시작은 초라했다.

니콜라에 차우셰스쿠. 그는 제1차 세계대전이 끝나 가던 1918년 1월 26일 루마니아 남부 스코르니체슈티라는 작은 마을에서 가난한 농부의 아들로 태어났다.

루마니아에서 니콜라에라는 이름은 우리의 철수나 영희처럼 흔한 이름이라고 하는데, 자료에 따르면, 그의 아버지가 아들의 출생 신고를 하러 등기소에 갔을 때 만취 상태라 생각나는 이름이 '니콜라에'밖에 없었기 때문이라고 한다. 암튼 차우셰스쿠는 10남매와 더불어 빈농인 아버지, 마름질을 하며 돈을 벌던 어머니 밑에서 매우 궁핍한 어린 시절을 보낸 것으로 전해진다.

차우셰스쿠는 11살이 되던 해 아버지의 폭력과 지긋지긋한 가난을 피해 수도인 부쿠레슈티로 무작정 상경한다. 차우셰스쿠는 이곳에서 제화 수습공으로 일하게 되는데, 여기서부터 인생의 대반전이 이뤄진다. 그가 일한 제화공장은 당시 루마니아 공산당의 당원이었던 알렉산드르 선둘레스쿠라는 사람이 운영하고 있었고 차우셰스쿠는 그의 소개로 1932년 루마니아 공산당의 정식 당원이 된다.

1930년대 루마니아에서 공산당은 불법 단체였다. 1933년 처음 체포된 것을 시작으로 차우셰스쿠는 그의 선배 공산당원들의 행적을 따라 차근차근 투쟁 경력을 쌓아 간다. 그는 이후에도 수차례 투옥과 석방을 반복하는데, 당시 루마니아 경찰은 그를 '위험한 공산주의 선동가'로 규정해 그의 일거수일투족을 감시했다.

제2차 세계대전이 끝나고 루마니아 공산독재 정권이 들어선 1948년부터 그는 더 이상 경찰에 쫓기면서 지하에서 싸우는 불법 선동가가 아니었다. 차우셰스쿠는 1948년 5월 13일에 루마니아의 농림부 차관으로 임명됐고, 1950년에는 국방부 차관, 그리고 1954년에는 루마니아 공산당 정치국의 정회원이 됐다.

이와 같은 초고속 승진 배경에는 나름 '화려한' 그의 공산당원으로서의 이력이 있다.

자료에 따르면, 1957년 12월 4일, 차우셰스쿠는 몰도바 인근 국경 마을에서 공산당의 토지몰수와 집단농장 설치를 반대하는 농민들의 시위대에 직접 발포 명령을 내려 민간인 수십 명을 사상케 했다. 나름 혁명가를 꿈꾸던 차우셰스쿠는 초심을 잃고 이때부터 본격적으로 흑화된 것으로 보인다. 출세를 위해서라면 사람 죽이는 일을 서슴지 않았고 동료를 감시하고 밀고하는 비열한 행위도 마다하지 않았다.

결국 1965년 루마니아 공산당 서기장 게오르게 게오르기우데지가 사망하자, 마침내 그는 대망의 서기장에 오른다. 1974년에는 서기장이라는 직함을 버리고 대통령에 취임하는데, 이때 본격적인 장기 집권 시나리오를 구상했던 것으로 보인다.

차우셰스쿠, 그도 한때는 개혁가였다

◇◇◇◇◇◇◇◇

지금까지 차우셰스쿠의 어두운 측면만을 강조했지만 사실 우리가 모르는, 하지만 평가받아 마땅한 업적들도 있음을 인정해야 한다. 비록 그의 잔인한 독재에 가려져 있지만 말이다. 우선 그는 소련의 내정간섭에 다른 여타 동유럽국가들과는 달리 직접적으로 반발하며 서방 국가들과도 나름 유연한 외교관계를 유지하려 했다.

1968년 소련이 체코에 탱크를 보내 유혈로 진압하려 했던 이른바 '프라하의 봄' 때에는 이에 반대하며 목소리를 높이기도 했다.

차우셰스쿠는 이때 "브레즈네프의 조치가 큰 실수이며 유럽의 평화를 심각하게 위협하고 있다"라고 비난하는 동시에 "그 어떤 강대국도 우리의 영토를 침범하도록 내버려두지 않겠다"라고 대중 앞에 선언함으로써 하룻밤 사이에 국민적 영웅으로 떠올랐다. 일견 공산 종주국 소련에 저항하는 것처럼 보이는 차우셰스쿠의 모습에 서방 지도자들이 줄지어 그를 예방하면서 국제무대에서 차우셰스쿠의 몸값도 천정부지 올라가기 시작한다. 특히 1969년 미국의 닉슨 대통령이 차우셰스쿠를 방문해 환담하는 장면이 타임지 표지에 실리면서 그는 더 유명해졌다.

전문가들은 1968년 이 무렵부터 본격적인 개인 우상화 작업이 시작되기 직전인 1970년대 후반까지를 나름 차우셰스쿠의 선정(善政) 기간으로 본다. 특히 이 무렵 루마니아의 경제성장률은 상승 곡선을 그리며 나름의 순항을 지속했다. 사회적 분위기도 소련 지향에서 탈피해 오히려 서양 문화를 많이 답습하면서 통상적인 공산국가의 통제된 분위기와는 거리가 멀었다. 예를 들어, 1970년대 루마니아에서 가장 인기가 높았던 TV 프로그램은 미국 CBS의 드라마 댈러스(Dallas)였을 정도이고, 미국 회사인 펩시에서 직접 면허를 받아 루마니아산 콜라를 생산하기도 했다. 놀라운 일이지만 이런 그의 친서방 정책 덕분에 차우셰스쿠는 영국 엘리자베스 여왕으로부터 기사 작위를 받기도 했다. 물론 엘리자베스 2세 여왕과 함께 왕실 마차에 올라타 환호하는 군중에게 손을 흔드는 호사는 덤으로 누린 행운이었다.

광적인 개인 우상화 그리고 몰락의 길

◇◇◇◇◇◇◇◇

하지만 늘 변곡점은 있는 법이다. 1970년대 중반 오일 쇼크로 서서히 위기의 신호가 감지되더니 급기야 1977년 부쿠레슈티 대지진으로 발생한 막대한 외채로 루마니아 경제는 급속히 내려앉기 시작한다. 결국 1981년부터 긴축경제와 함께 본격적인 배급제가 실시되고 인민들의 불만도 점점 늘어간다. 악화되는 상황에 불을 지른 것은 이런 곤궁한 상황에 차우셰스쿠가 역사에 유례없는 대형 인민궁전 건설에 심취해 있었다는 점이다. 지금은 부쿠레슈티의 관광 명소로 나름 효자 역할을 하고 있지만, 당시로서는 이해하기 힘든 무모한 결정이었다.

차우셰스쿠는 1971년 평양의 김일성 궁전을 방문한 이후 그에 버금가는 인민궁전 건설을 건설해야겠다는 생각에 빠진 것으로 보인다. 당시 평양 거리에서 차우셰스쿠를 맞이하는 환영 행사 영상을 보면, 상상을 초월하는 규모임을 실감하게 된다.

1934년 6월 히틀러가 무솔리니를 만나기 위해 베네치아를 방문했을 때 광적인 환영에 감동한 것처럼, 차우셰스쿠는 이날의 벅찬 '감동'을 잊지 못한 게 분명하다. 실제로 차우셰스쿠에 대한 우상화 작업이 본격화되면서 부쿠레슈티 도심 곳곳을 도배한 그림들의 화풍이나, 행사 때마다 대규모로 거행된 매스게임 등은 모두 북한으로부터 영향을 받은 것들이다. 그리고 북한으로부터 받은 안 좋은 영향이 또 하나 있다. 바로 개인숭배를 넘은 지도자와 그 가족에 대한 우상화 작업이다.

본인과 부인 엘레나의 생일을 국경일로 정하고 관공서와 학교, 군대 곳곳에 차우셰스쿠 부부의 초상화를 붙여야 했다. 북한 김일

니콜라에 차우셰스쿠

성의 생일을 태양절이라고 하듯 루마니아에서 차우셰스쿠의 생일 1월 26일은 가장 중요하고 기념해야 할 날이었다. 생일 축하 행사는 무려 3주 동안 계속됐다. 시와 노래, 기념 메달이 만들어졌고 그의 이름을 적을 때는 반드시 대문자로 적어야만 했다. 심지어 혹시라도 두 사람 이름의 철자가 틀리면 곧바로 체포되어 처벌받기도 했다.

"필리핀에 이멜다가 있다면 동유럽에는 엘레나가 있다"라는 말이 있을 정도로 차우셰스쿠의 영부인 엘레나는 국정에 깊숙이 관여한 인물이다. 엘레나 차우셰스쿠는 무학에 가까울 정도로 제대로된 정규교육을 받은 경험이 없지만 그녀는 남편 못지않게 칭호와 명예에 집착했다.

그녀는 항상 '학술원 박사'이자 '공학자 엘레나 차우셰스쿠'라는 호칭으로 불렸고 마치 진짜 과학자처럼 행세했다. 여기서 그쳤다면 문제는 덜했겠지만, 엘레나의 패악은 그녀의 형제들을 정부 요직에 꽂아 넣으면서 본격화된다. 루마니아판 국정농단이다.

1979년 11월 20일 제20차 전당대회가 개최되었을 무렵 그녀는 이미 루마니아 제2의 권력자가 돼 있었다.

1974년 차우셰스쿠는 국가평의회 의장에서 공화국 대통령으로 자신의 지위를 확장한다. 그해 3월 18일에 치러진 대통령 취임식은 라디오와 텔레비전으로 루마니아 전국에 생중계됐다. 이날 행사의 백미는 신임 대통령 차우셰스쿠에게 홀(笏)을 수여하는 장면인데, 봉건 군주들이나 가질 법한 홀을 20세기 대통령에게 주어지는 이 코미디 같은 장면은 전 세계에 그대로 생중계됐다. 초현실주의 화가 살바도르 달리는 이 장면을 보고 충격을 받아 소위 축하 전문이란 것을 보냈는데, 그 내용은 이렇다.

"나는 대통령 홀(笏)이라는 것을 만들어 낸 여러분의 역사적인 행위에 진심으로 감사합니다."

초현실주의 화가가 바라본 초현실주의적 상황이 아닐 수 없다.

누가 보아도 조롱하는 것이 분명한 이 전보를 눈치 없는 〈신테이아〉의 편집장은 해당 신문에 그대로 실었다. 물론 그의 생존 여부에 대해서 알려진 바는 없다.

〈신테이아〉가 차우셰스쿠를 '속세의 신', '당과 국가의 심장'으로 묘사하고 카이사르와 알렉산더, 나폴레옹과 표트르 대제 등에 비유해 왔기 때문에 한 번의 실수는 눈감아 주었을지도 모른다.

차우셰스쿠에 대한 개인숭배가 절정에 달한 것은 차우셰스쿠 집권 20주년을 맞이한 1985년이다. 교과서의 첫 장에는 차우셰스쿠의 초상화가 나와야 하고 모든 초등학교 교과서에는 차우셰스쿠와 그의 아내 엘레나의 컬러사진이 실려야 했다. 그것도 법적으로 그래야 한다. 텔레비전은 하루에 2시간만 방송되는 단 한 개의 국영 채널로 제한되는데, 편성의 절반은 언제나 차우셰스쿠의 활동과 업적을 홍보하는 데 할애됐다.

1985년 루마니아를 방문했던 영국인 기자 존 스위니는 자신의 저서 『The Life and Evil Times of Nicolae Ceausescu』에서 "아첨꾼과 사기꾼에 둘러싸여 화려한 고립 속에 살면서 자신들을 향한 예찬을 진심으로 믿게 됐다"라고 쓰고 있다. 그의 지적대로 차우셰스쿠는 이제 이성적인 판단을 상실하고 완전한 자기만의 환상에 빠져 살게 된 것처럼 보인다. 십상시에 둘러싸인 무능한 군주들이 그랬던 것처럼, 이제 남은 것은 비극적인 파국이다.

아무도 슬퍼하지 않았다

◇◇◇◇◇◇◇◇

1985년 미하일 고르바초프의 등장은 완전히 다른 세계의 시작을 알리는 신호탄이 됐다. 페레스트로이카라 불리는 그의 개혁개방 정책은 시계를 거꾸로 돌린 루마니아의 퇴행적 독재와는 완전히 다른 방향으로 가고 있었다.

1989년 6월 폴란드에서는 노동조합 〈연대〉가 승리하면서 공산당이 몰락했고, 10월에는 헝가리에서 공산주의 종식을 고하는 민주적 개혁안이 발표됐다.

이렇게 운명의 시간은 점점 다가오고 있었고 루마니아 사람들의 귀와 눈을 막으려 해도 더 이상 막을 방도가 없었다. 둑이 무너져 내리듯 차우셰스쿠를 향한 거짓 찬사와 숭배는 이제 거대한 증오와

적개심으로 변해 갔다.

1989년 12월 17일 루마니아 군대가 시위대를 향해 발포하는 불상사가 발생해 전국적인 항의 시위가 이어지자 차우셰스쿠는 '선량한' 자신의 신민들을 달래기 위해 12월 21일 부쿠레슈티 중심에 위치한 공산당 본부의 발코니에 모습을 드러냈다.

드라마처럼 숨이 막히는 당시의 상황을 리얼하게 묘사한 역사 저술가 프랑크 디쾨터의 이야기를 들어 보자.

몇 분도 지나지 않아 군중 뒤쪽에서 휘파람 소리와 야유가 터져 나왔다. 그는 손을 들어 조용히 할 것을 지시하면서 자신의 마이크를 연신 두드렸다. 동요는 계속되었다. 차우셰스쿠는 망연자실해 보였다. 그의 아내가 몸을 앞으로 숙인 채 군중을 나무랐다.
"조용히 해! 왜들 이러는 거야?"
연설을 이어 나가기로 한 차우셰스쿠는 무력하고 갈라진 목소리로 시위대를 달랬지만 이미 자신감을 잃고 말까지 더듬거렸다. 공포가 사라지자 집회는 폭동으로 바뀌었다.[3]

숭배에서 경멸로, 그리고 공포에서 폭동으로 180도 뒤바뀐 분위기를 생생하게 느낄 수 있는 대목이다. 루마니아 국민은 더 이상 그의 선량하고 말 잘 듣는 신민이 아니었다. 도시 곳곳에서 폭동이 일어났고 차우셰스쿠의 초상화와 선전용 책자들이 불태워졌다. 차우

니콜라에 차우셰스쿠

셰스쿠가 마지막까지 믿었던 군과 경찰도 그에게 등을 돌리고 혁명에 동참했다. 성난 시위대가 공산당 본부를 포위하자 차우셰스쿠와 엘레나는 헬리콥터를 타고 도주해 부크레슈티 외곽 들판에 비상착륙 하지만 곧바로 체포돼 구금된다. 일사천리로 진행된 군사재판에서는 이들 부부에게 사형을 구형한다.

1989년 12월 25일 크리스마스. 혁명군에 의해 건물 밖으로 끌려나간 부부는 꽁꽁 얼어붙은 공터의 벽 앞에 세워진다. 그리고 내뿜는 총알 세례를 받고 그 자리에서 사망한다. 이 역사적인 마지막 순간은 전 세계에 실시간으로 타전됐다.

하지만 지독한 망상에 빠진 이 독재자 부부의 죽음을 애도하는 이는 아무도 없었다.

4

폴 포트
POL POT
(1925~1998)

오늘날 가장 큰 악(惡)은 디킨스가 즐겨 묘사하던 추악한 '죄악의 소굴'에서 행해지지 않는다. 강제수용소나 강제노동수용소에서 실행되는 것도 아니다.

그러한 곳에서는 악의 최종적인 결과만을 볼 수 있을 뿐이다.

실제로 악을 구상하고 지시하는 일은(그것은 기안, 검토, 결재, 기록의 절차를 밟는다) 카페트가 깔린 깨끗하고 따뜻하며 환한 사무실 내부에서, 흰색 와이셔츠에 잘 정리된 손톱과 매끈히 면도한 얼굴로 좀처럼 목소리를 높일 필요 없이 묵묵히 일하는 사람들에 의해 이루어진다.

– C.S. 루이스 『스크루테이프의 편지』(1961) 서문 중

"폴 포트는 언제나 자신의 집무실에서 반혁명 분자의 '처리'를 위한 서류에 서명했다. 사인을 마친 그의 얼굴은 그 어떤 동요도 없이 평온해 보였다." (누온 체아의 증언 중)

폴 포트

C.S. 루이스의 예언처럼 킬링필드의 모든 계획과 지시는 폴 포트의 책상 위에서 이루어졌다. 그렇다면 그는 자신이 저지른 악의 최종적인 결과에 관해 책임을 졌을까?

2014년 8월 7일. 캄보디아 프놈펜의 유엔 특별재판소에서 세기의 재판이 열렸다.

1970년대 우리에겐 '킬링필드'로 악명 높은 캄보디아 급진공산주의 크메르루주가 저지른 대량 학살에 대한 재판이 열린 것이다. 이날 재판에는 크메르루주의 2인자 누온 체아와 역시 크메르루주 최고 지도부 중 한 명이었던 키우 삼판이 출석했다. 유엔과 캄보디아 정부가 구성한 특별재판부(ECCC)는 이들에게 학살 가담 혐의를 인정해 법정 최고형인 종신형을 선고했다.

1979년 크메르루주가 축출된 지 무려 35년 만의 일이다. 그러나 당시 누온 체아는 이미 88세, 키우 삼판은 83세의 고령이었다는 점을 고려하면 이들에게 종신형이란 무슨 의미가 있었을까?

그것보다 더 중요한 것은 이들이 자신들의 행동에 대해 그 어떤 후회나 양심의 가책을 받지 않았다는 점이다. 이들은 1975년부터 1979년 축출될 때까지 자국민 2백만 명을 학살한 혐의를 받고 있다.

그러나 정작 이 재판에 서야 할 진짜 주인공은 지난 1998년 체포 직후 심장마비로 사망했다. 그가 누구인가? 바로 21세기 가장 잔혹한 학살의 주인공 폴 포트이다.

히틀러: 지옥에 온 것을 환영하네. 폴 포트.

(Welcome to hell, Pol Pot.)

스탈린: 기다리고 있었소. 동무.

(We've been expecting you, comrade.)

폴 포트: 고맙소 동지들….

(Thanks guys….)

폴 포트 사망 이후 '지옥에서 불타는 학살 지도자'라는 만평에 실린 내용이다. 히틀러와 스탈린을 능가하는 유일무이의 독재자, '악마 그 이상의 악마'라 불리는 그의 이름이 바로 폴 포트다.

폴 포트의 본명은 '살롯 사(Saloth Sar)'[4]이며 폴 포트는 그의 별칭이다. 1953년 프랑스 유학을 마치고 국내로 돌아온 시점부터 사용되기 시작했으며 1975년 민주 캄푸치아 성립 이후부터는 일반적인 호칭으로 통용되고 있다.

폴 포트라는 명칭에 대해서도 여러 가지 설이 있는데, 가장 일반적인 설명은 '정치적 잠재력'을 뜻하는 프랑스어 'Politique Potentiel'의 앞 자를 본뜬 것이라고 한다.

훗날 폴 포트로 악명이 높은 살롯 사는 1925년 5월 19일 프랑스령 인도차이나의 어촌마을에서 9남매 중 8번째 자녀로 태어났다. 집안은 농사일을 돌보는 잡역부를 따로 둘 정도로 대체로 유복했던 것으로 전해진다. 폴 포트의 집안이 향후 캄보디아의 유력 가문으로 성장한 것은 그의 사촌 누나가 모니봉 왕자의 첩으로 들어갔기 때문인데, 자연스럽게 폴 포트도 왕족의 일원이 된 것이다. 모니봉은 캄보디아를 식민지로 통치하던 프랑스가 명목상 내세운 허수아비 왕이었지만, 어쨌든 엄연한 일국의 왕이었고 그의 후임자가 바로 노로돔 시아누크 국왕이다. 지금도 캄보디아에 가면 프놈펜을 남북으로 가르는 모니봉이란 이름의 대로를 만날 수 있다.

아이러니하지만 폴 포트는 왕실과 인척으로 엮이는 것을 달가워하지는 않았다. 향후 자신만의 공상적인 공산주의 사회를 건설하면서 왕실은 타도의 대상이 되었다.

유복한 가정환경과 왕실의 인척이라는 배경을 바탕으로 폴 포트는 1949년 국비 장학생에 선발돼 프랑스 유학길에 오른다. 이때 파리에 먼저 와 수학하고 있던 친척 시소와트 소모노퐁을 만나 그의 권유로 크메르 학생회에 가입하면서 본격적인 정치활동을 시작한다. 이 과정에서 이엥 사리, 손 산, 키우 삼판 등 훗날 크메르루주의 핵심 세력을 이루는 주요 인물들과도 교류한다. 그리고 1951년에는 공산당 조직인 마르크스 클럽을 거쳐 프랑스 공산당에 가입함으로써 본격적인 공산주의자가 된다.

폴 포트가 추구한 이상사회는 마르크스나 엥겔스의 가르침 어디에도 없는, 매우 기괴하고 전례가 없는 폴 포트의 망상에 근거한 것이었다.

폴 포트가 밝힌 새로운 이상사회의 모습은 그랜트 에반스(Grant Evans)의 저서 『Red Brotherhood at War』에 다음과 같이 수록돼 있다.

"우리는 완전히 새로운 형태의 사회주의국가를 건설할 것이다. 과거로부터 모든 것은 단절하고 전통은 사라질 것이다. 화폐와 경제체제가 사라져 국가와 국민들의 모든 것을 돌보는 사회를 건설할 것이다."

궁극적으로 모든 것으로부터 단절된 사회. 실제로 폴 포트는 그 이전에도 없었고, 또 이후에도 없을 완전히 '새로운' 사회를 건설하고자 했다.

우선 도시를 자본주의의 산물로 보고 모든 도시인을 내쫓아 집단농장으로 강제 이주시켰다. 강제 이주를 독려하기 위해 프놈펜이 폭격당할 것이란 거짓 소문을 퍼트리기도 했다. 이렇게 강제 이주가 된 사람들이 캄보디아 인구의 30%에 달했다.

폴 포트의 공언대로 모든 화폐경제도 사라졌다. 개인의 사유재산과 시장경제 체제가 금지되고 프놈펜 중앙은행은 아예 폭파해 버렸다.

도시에 이어 모든 학교도 자본주의의 또 다른 주범으로 몰려 강제 폐쇄됐다. 글을 읽고 쓰는 것은 중요하지 않고 오로지 혁명의 가

폴 포트

치만이 강제로 주입됐다.

모든 외국과의 교류도 끝장내 버렸다. 외국 대사관은 폐쇄되고 대사관 직원들은 추방되거나 살해됐다. 폴 포트와 크메르루주의 극단적인 이상사회 건설은 '진짜' 공산주의 국가들도 고개를 내저을 정도였고, "폴 포트는 공산주의자가 아니라 폴 포트 주의자"라는 말이 나올 정도였다.

역사적으로 캄보디아와 베트남은 앙숙 관계였다.

폴 포트가 베트남을 도발한 것은 자신의 명을 단축한 것이나 다름없다. 베트남은 이미 세계 최강 미국을 상대로 한 베트남전을 통해 충분한 실전 경험을 쌓았을 뿐만 아니라 1975년 남북 베트남 통일로 사기충천한 시기였다. 한마디로 잠자는 사자의 코털을 건드린 것이다.

결국 1979년 1월 17일 베트남군은 캄보디아의 수도 프놈펜을 함락하면서 폴 포트의 민주 캄푸치아 정권을 붕괴시킨다. 베트남은 반 크메르루주 세력을 주축으로 하는 캄푸치아 인민공화국을 세운다. 정권을 잃은 폴 포트와 크메르루주 잔당들은 밀림으로 숨어들어 게릴라전을 펼치며 기나긴 장기전에 돌입한다.

이때 폴 포트의 크메르루주를 지원한 세력이 바로 미국과 중국이다. 미국은 이제 막 공산화된 베트남을 견제하며 인도차이나반도에서 또 다른 공산화를 막아야 할 전략적 필요가 있었고 중국은 국경

분쟁으로 베트남과의 관계가 최악인 상황이었다.

아무리 자국의 이익을 위해서라지만 이런 미치광이 정권을 대놓고 지원한 미국의 선택은 두고두고 비판의 대상이 된다.

특히 크메르루주가 쫓겨난 후 이들이 저지른 천인공노할 만행이 해외에 알려지면서 국제 여론은 크게 분노했다. 결국 미국은 구제 불능의 이 미치광이 집단과 '헤어질 결심'을 하게 되고 그 어부지리의 열매는 1970년 쿠데타로 축출된 시아누크 국왕과 훈센 총리가 거머쥐게 된다.

지금까지도 입헌 군주제를 유지하고 있는 캄보디아에서는 38년 간 권력을 휘두르던 훈센 전 총리의 뒤를 이어 그의 장남 훈마넷이 지난해 8월 총리에 취임했다. 캄보디아 사람들은 진짜 왕실보다 더 강력한 '훈센 왕조'가 열렸다며 냉소하고 있다.

훈센 전 총리는 "나는 2023년에는 총리의 아버지가 되고, 2030년대에는 총리의 할아버지가 될 것"이라며 나름 야무진 권력 세습을 꿈꾸고 있다.

폴 포트의 잔악성은 글자 그대로 '악마 그 이상'의 것이었다.

그가 저지른 범죄행위를 일일이 열거하지 않는 이유는, 이미 너무 잘 알려져 있기도 하거니와 너무 다양하고 잔인하기 때문이다. 놀랍게도 폴 포트의 유년 시절 친구들과 유학 시절 동료들의 증언에 따르면 그는 예의 바르고, 과묵하며 다툼을 싫어하는 성격이었다고 한다.

우리가 알고 있는 대부분의 사이코패스 범죄자들도 대체로 이와 유사한 평가를 받는다는 점에서 폴 포트는 포악한 범죄자에 앞서 일종의 망상증 환자라고도 할 수 있다.

그는 과연 후회나 반성이라는 것을 단 한 번이라도 했을까?

1997년 미국인 기자 네이트 세이어(Nate Thayer)와의 인터뷰에서 폴 포트는 "나는 투쟁을 수행했을 뿐 사람을 살해한 것이 아니다", "나를 보라, 내가 야만인으로 보이는가. 내 양심은 깨끗하다"라고 오히려 큰소리를 쳤다고 한다.

앞서 서술한 바와 같이 폴 포트는 어떤 심판도 받지 않은 채 1998년 4월 15일 잠을 자는 중에 심부전으로 급사한다.

폴 포트를 추종하던 몇몇 크메르루주 잔당들이 그의 시신을 외딴 시골 마을로 가져가 굴러다니는 폐타이어, 쓰레기와 함께 불을 붙여 화장했다.

그의 급사는 신의 정의로운 심판이 아니다. 아니, 신의 심판이 이뤄졌다고 자위한다 해도 인간의 정의는 땅 위에서 구현되어야 마땅하다. 그것이 진짜 정의다.

시아누크의 고문을 지낸 프랑스인 샤를르 메이에는 캄보디아인의 미소가 '가면' 같다며 "캄보디아인의 희미한 미소는 앙코르 사원의 불상들이 머금고 있는 형용할 수 없는 미소와 똑같다. 비밀을 꿰뚫어 보려는 이들로부터 스스로를 지키기 위해 짓는, 바로 그 미소 말이다"라고 말했다.

들판에서 일하는 순박한 캄보디아 농민들을 보고 있으면 샤를르 메이에가 말한 캄보디아인의 희미한 미소가 떠오른다. 하지만 또 한편으로는 어떻게 저렇게 순박한 사람들이 그토록 참혹한 학살의 피해자인 동시에 가해자가 될 수 있었는지 의문이 간다.

한나 아렌트가 말한 '악의 보편성'은 차치하고, 인간이 어디까지 잔인해질 수 있는지를 보여 준 킬링필드의 비극은 폴 포트라는 괴물 하나로는 도저히 설명되지 않는다.

C.S. 루이스의 탄식처럼, 인류의 비극은 때론 '흰색 와이셔츠에 잘 정리된 손톱과 매끈히 면도한 얼굴로 좀처럼 목소리를 높일 필요 없이 묵묵히 일하는 사람들'에 의해 이루어진다. 지옥에서 불타고 있을 폴 포트도 동의할지는 모르지만 말이다.

5

프랑수아 뒤발리에

FRANCOIS DUVALIER

(1907~1971)

아이티의 독재자 뒤발리에는 틈만 나면 자신의 대통령 궁에 부두교 사제를 불러 비밀 의식을 치르곤 했다. 검은 모직 정장에 색이 짙은 안경을 끼고 손에는 용도를 가늠하기 어려운 지팡이를 든 채 대중 앞에 나타날 때 뒤발리에의 모습은 영락없는 부두교 사제의 모습 그대로였다. 더 괴기스러운 것은, 마치 자신의 적을 향해 주문을 외우듯이 중얼거리거나 낮은 목소리로 읊조리는 모습이 자주 목격됐다는 점이다.

부두교 사제들은 뒤발리에에게 은밀한 자문을 하는 최측근이었고, 대통령 궁에 수시로 초대됐으며, 중대한 국가 정책까지도 결정하는 막후 실세이기도 했다.

더 놀라운 이야기는 후술할 예정이지만 이 정도면 부두교와 그는 운명공동체다.

온 나라를 주술 공화국으로 만든 주인공. 아이티를 세계 최악의 빈국이자 깡패의 나라로 만든 원흉. 그가 바로 '파파 독' 프랑수아 뒤발리에다.

프랑수아 뒤발리에(Francois Duvalier). 그도 '한때'는 선량한 시민이었고 인도주의적 사랑을 실천하는 훌륭한 의사였다. 실제로 의술을 실천하던 젊은 시절 그의 별명은 '파파 독(Papa Doc)'이었다. 하긴 시리아의 독재자 바샤르 알아사드도 아버지의 권력을 계승하기 전에는 영국 런던에서 개업한 안과의사였고, 사람들은 그를 '닥터 바샤르'라는 친근한 애칭으로 불렀다.

많은 독재자들이 한때는 선량한 시민이거나 선량한 개혁가였다는 사실이 이젠 놀랍지도 않다.

뒤발리에는 1934년 아이티 대학교 의과대학을 졸업한 후 시골 병원에서 잠시 근무하다 미국으로 건너가 공중보건학을 전공했다. 그리고 제2차 세계대전이 끝날 무렵인 1945년 초 다시 아이티로 돌아와 시골 마을에서 말라리아 퇴치에 앞장서는 등 헌신적인 의사의 모습을 보이는데 적어도 이때까지는 초심을 잃지 않은 것으로 보인다.

하지만 변화와 기회는 늘 바람처럼 다가온다. 1946년 뒤발리에의 은사인 뒤마르세 에스티메가 아이티 대통령에 당선되자 뒤발리에는 국가 공중 보건국 국장에 임명된다. 그리고 3년 후에는 다시 보건 노동부 장관으로 승진하면서 본격적인 승승장구가 시작되는 듯 보였다. 하지만 1950년 5월 포르토프랭스의 경찰서장이자 군인이었던 폴 마글루아르가 쿠데타를 일으켜 에스티메를 권좌에서 끌어내리자 뒤발리에도 장관직을 잃고 다시 시골 병원으로 돌아가야 했다. 그러나 이 무렵 뒤발리에는 더 이상 과거의 뒤발리에가 아니었다. 그의 목에 거액의 현상금이 걸릴 정도의 거물 활동가이자 반정부 투사로 변신해 있었던 것이다. 경찰의 체포를 피해 지하로 숨어들거나 변장을 하며 신출귀몰하는 소식이 전해지자 뒤발리에는 대중들 사이에 일약 저항의 아이콘으로 떠오르게 된다. 물론 이 시기 활동을 뒤발리에는 정권을 잡은 후 일종의 신화로 만들어 자신의 우상화에 적극 활용한다.

1956년 9월 폴 마글루아르는 반대 여론이 거세지고 군부의 반란 조짐이 보이자 나라의 곳간을 탈탈 털어 가족과 함께 해외로 도망을 친다.

그리고 뒤발리에는 다음 해 공식 대통령 출마 선언을 한다. 군부는 유력한 대선 후보 뒤발리에에게 은밀한 제안을 한다. 군부가 지지하는 실력자 안토니오 케브로를 육군참모총장으로 임명하는 데 동의하면 뒤발리에를 밀어주겠다는 것이다. 뒤발리에도, 군부도 손해 볼 것이 없는 거래다. 마침내 악마의 거래는 성사되고 1957년 9월 22일 뒤발리에는 다음과 같은 엄숙한 선서와 함께 아이티의 대통령에 취임한다.

"나의 정부는 모든 국민이 행복해질 수 있도록 아이티 국민의 자

프랑수아 뒤발리에

유와 인권을 보호할 것이다."

인권 의사에서 최악의 독재자로

◇◇◇◇◇◇◇◇

정권을 잡은 뒤발리에가 가장 먼저 한 일은 국민의 자유와 인권을 챙기는 것이 아니라, 비밀경찰을 조직하는 일이었다.

정권에 반대하거나 비판적인 인물들에 대한 대대적인 탄압과 투옥, 강제 추방이 이어졌다. 그리고 군부와의 약속대로 안토니오 케브로를 육군참모총장에 임명해 군을 장악했다. 선거 전 군부에 의해 실시된 통금은 무기한 연장됐고 공산주의자 척결이라는 명목으로 수백 명이 체포돼 즉결 처분됐다.

비밀경찰과 군부로는 불안을 잠재울 수 없었던 뒤발리에는 이제 자신의 개인 민병대를 조직한다. '통통 마쿠트(ton ton macoutes)'라고 불리는 이 조직은 오늘날 아이티를 무법천지로 만든 갱단의 원조에 해당하는 무리들로, 마치 조직폭력배들처럼 떼로 몰려다니며 폭행과 강간, 살인을 일삼았다. 뒤발리에의 비호를 받는 이들을 경찰은 물론 군부도 쉽게 통제하지 못했다. 통통 마쿠트는 청색 정장 차림에 금속 테를 두른 선글라스를 끼고 회색 중절모자를 썼다. 허리띠나 겨드랑이에는 권총을 소지하고 수가 틀리면 사람과 짐승을 가리지 않고 아무 곳에서나 쏘아 댔다. 이들의 등장만으로도 사람들은 공포에 떨어야 했다. 마쿠트의 수장은 뒤발리에의 친구이자 심복인 클레망 바르보가 맡았는데, 그는 나중에 반란 혐의로 체포돼 총살당한다.

1958년 4월 뒤발리에는 새 헌법을 통해 '종교의 자유'를 선포한다. 명분상으로는 가톨릭교회의 독주를 막고 다원적인 종교를 인정한다는 것이지만, 진짜 목적은 부두교를 더 이상 지하의 사이비 종교가 아닌 공식 종교로 인정하겠다는 취지였다. 1961년 1월 뒤발리에는 프랑스인 주교와 4명의 사제를 내란 공모 혐의로 추방했고 그로 인해 바티칸으로부터 파문당한다.

뒤발리에는 정치에 발을 들여놓기 오래전부터 이미 부두교에 심취해 있었다. 그는 진정한 아이티인의 영혼은 검은색이고 아이티의 정신은 부두교를 통해 발현된다고 굳게 믿고 있었다. 재임 기간 중에는 아예 부두교 사제들을 대통령 궁에 불러들여 각종 해괴망측한 주술 행위를 반복했다. 1958년 아이티에 체류 중이던 미국인 인류학자 해럴드 쿨랜더는 뒤발리에의 집무실에서 목격한 기괴한 경험을 언론에 폭로한 바 있다. 그의 증언에 따르면 경호원의 안내를 받아 들어간 대통령의 집무실에는 검은 커튼이 드리워져 있었고 거기에는 검은 모직 차림의 뒤발리에가 수십 개의 초가 타고 있는 긴 탁자 위에 앉아 있었다고 한다. 해럴드를 더욱 놀라게 한 것은 역시 기괴한 복장에 검은색 안경을 쓴 마쿠트 대원들이 그를 빙 둘러싸

프랑수아 뒤발리에

고 있는 모습이었다.[5]

섬뜩하기까지 한 이 에피소드는 빙산의 일각이다. 대통령이 부두
교와 주술에 빠져 있다는 이야기는 단순한 괴담이 아니라 대부분
사실로 드러났다.

뒤발리에가 유독 '22'라는 숫자에 집착했다는 소문도 파다했다.
실제로 뒤발리에는 중요한 행사나 D-Day를 22일로 잡는 경우가
많았다. 우연의 일치일 수도 있지만 뒤발리에의 대통령 취임식은 5
월 22일이었고 그의 아들 장클로드 뒤발리에가 후계자로 대를 이
어 대통령에 취임한 것도 1971년 4월 22일 새벽 1시다. 새벽 1시
에 대통령에 취임한 사례는 세계 그 어디에도 없다. 아마도 부두교
주술사가 지정해 준 날짜와 시간일 가능성이 높다. 이 대목에서는
왠지 남의 나라 이야기가 아니라는 생각마저 든다.

주술의 힘이 됐든 그의 통치 능력이 됐든, 뒤발리에는 대체로 운
이 좋은 사내였다.

계속되는 폭정으로 미국의 눈총을 받을 무렵 이웃 국가 쿠바에서
1959년 1월 카스트로의 쿠바혁명이 발생한 것이다. 미국은 코앞에
등장한 공산 세력을 견제하기 위해 무엇보다 아이티의 도움이 절실
했다. 미국은 뒤발리에의 폭정에 눈을 감는 것은 물론이고 수백만
달러에 달하는 지원금을 전달해 고사 직전의 뒤발리에를 위기에서
소생시켰다. 공산주의를 미끼로 한 미국과의 거래는 이후에도 유효

했다.

1964년 뒤발리에는 영구 집권을 위한 헌법 개정을 서두른다. 이 시기 뒤발리에에 대한 우상화와 신격화가 절정에 달한다. 뒤발리에의 흉상과 초상화가 개인 가정과 관공서, 학교에 보급되고 대통령을 찬양하는 시와 노래가 전국에 울려 퍼졌다.

뒤발리에에게 '아이티 철학의 대 스승'이라는 칭호를 수여하는 법안이 국회를 통과하기도 했다. 위대한 지도자를 넘어 위대한 사상가, 더 나아가 위대한 신의 반열에 오른 그에게 남은 과제는 가능한 한 오래 살아남아 더 많은 민중의 고혈을 빨아먹는 일이었다. 그해 치러진 국민투표에서 뒤발리에 종신대통령 안은 찬성 99.89%라는 말도 안 되는 수치를 기록하며 통과됐다.

뒤발리에 정권을 유지하는 3대 기둥은 군부와 부두교, 그리고 나치의 괴벨스에 버금가는 이미지 조작이다. 그리고 뒤발리에의 신화를 날조하는 중심에는 대통령 궁 홍보국장으로 영입된 허버트 모리슨이라는 인물이 있다. 모리슨은 뒤발리에의 일거수일투족을 밀착 취재하며 사진으로 남겼다. 대통령 선거기간 중에는 '가난한 자의 대변인'이라는 표제와 함께 가난한 농민 옆에 서 있는 뒤발리에의 사진을 만든 주인공도, '겸손한 시골 의사, 국민을 위해 헌신하는 정직한 사람'이라는 기가 막힌 홍보 문구를 고안해 낸 사람도 바로 허버트 모리슨이다. 하지만 의심 많은 그의 주인은 허버트의 충성심을 믿지 않았다. 죽음의 그림자를 피해 가까스로 마이애미로 탈출하는 데 성공한 허버트는 이후 뒤발리에의 실체를 폭로하는 데 앞장선다.

뒤발리에는 사망 직전인 1971년 1월에 아들 장클로드 뒤발리에를 자신의 후계자로 지명하고 대를 이은 영구 집권 시나리오를 본격화한다. 그리고 그해 치러진 국민투표에서 총 239만 1,916표 가운데 딱 한 표의 반대표를 제외하고 99.9%의 찬성을 얻음으로써 대를 이은 세습의 길이 열렸다.

하지만 신이라 불리는 사내도 결국 죽음을 피할 수는 없었다. 국민투표 3개월 후인 1971년 4월 21일, 뒤발리에는 갑작스러운 심장마비로 사망한다. 그래도 그는 마지막 순간까지 호의호식하다 제명에 죽은 몇 안 되는 '행운의' 독재자에 속한다.

그의 유해는 국립묘지에 안장됐다가 나중에 그의 아들이 건립한 호화로운 영묘에 이장됐지만, 1986년 그의 아들 베이비 독(Baby Doc)이 실각하면서 성난 군중들에 의해 파헤쳐지는 수모를 당한다.

콜럼버스가 히스파니올라라고 이름 붙인 섬에는 오늘날 아이티와 도미니카 공화국이 자리하고 있다. 서쪽의 3분의 1은 프랑스가, 동쪽 3분의 2는 스페인이 각각 지배하면서 본격적인 식민 지배가 시작됐다.

아이티에 대한 프랑스의 착취가 얼마나 심했는지 당시 아이티 흑인 노예의 평균 수명은 채 20세가 되지 못했다. 아이티에 다른 중남미와 카리브 지역에 비해 혼혈이 적은 이유는 종족을 번성시킬 만큼 오래 살지 못했기 때문이다. 세계 최초의 흑인 노예 혁명이 일어난 곳도, 세계 최초의 흑인공화국이 세워진 곳도 아이티라는 사실은 이 지역에서 발생한 착취의 정도가 어떠했는지를 설명해 준다.

프랑스는 아이티에서 생산된 설탕과 커피를 통해 막대한 부를 축적했다. 당시 유럽에서 소비되는 커피와 설탕의 절반이 아이티에서 생산됐을 정도이다.

프랑스의 입장에서 아이티는 결코 포기할 수 없는 보물단지였던 셈인데, 1825년 아이티가 독립하는 순간까지 프랑스의 탐욕과 몽니는 계속된다. 독립의 조건으로 주체할 수 없을 정도의 어마어마한 배상금을 요구했기 때문이다. 가해자가 피해자에게 배상금을 요구한다고? 우리나라가 일제 식민기간 동안 입은 피해에 대해 일본에 배상을 요구한 것과 너무나 다른 상황이라 이해하기 쉽지 않을 것이다. 아무튼 아이티는 프랑스의 요구를 수용하고 무려 123년에 걸쳐 빚을 갚는데, 이때 발생한 부채는 지난 1945년에 가서야 청산된다. 물론 이런 청산 과정이 아이티 경제발전의 발목을 잡은 것은 의심의 여지가 없다.

아이티는 지금 무법천지다. 공권력은 사실상 마비됐고 갱단과 사설 군인들, 자경단이 설치는 글자 그대로 아비규환의 상황이다.

프랑수아 뒤발리에

갱단이 경찰서를 습격해 무기를 탈취하거나 교도소를 습격해 죄수들을 탈옥시키는 일도 비일비재하다. 더 놀라운 것은 이들 갱단의 배후에 정치인들이 있다는 점인데, 현재 아이티에 존재하는 200여 개의 갱단 가운데 가장 큰 세력을 가진 비브 앙삼(Viv Ansanm)이라는 갱단은 총리의 퇴임을 요구할 정도다.

2024년 유엔 보고서에 따르면 현재 포르토프랭스의 85%는 갱단이 점령하고 있으며 갱단과 연루된 폭력으로 4,500명 이상이 사망했고, 70만 명이 피란길에 올랐다. 이런 어처구니없는 상황이 벌어지는 아이티는 사실상 정상적인 국가로 볼 수가 없다. 오죽하면 UN 평화유지군조차 두 손 두 발 다 들고 철수한 상황이다.

주술에 심취해 온갖 부패와 만행으로 나라를 뿌리부터 말아먹은 뒤발리에 부자는 아이티의 이런 슬픈 운명을 알고는 있었을까.

6

베니토 무솔리니
BENITO ANDREA AMILCARE MUSSOLINI
(1883~1945)

무솔리니가 이 책에 실리는 이유는 두 가지다.

첫째는 역사상 최악의 독재자 가운데 한 명이라는 것이고, 두 번째는 자국 이탈리아 국민에 의해 쫓겨난 것에 그치지 않고 역사상 가장 비참한 방식으로 죽음을 맞이한 지도자였다는 점이다.

과거 사형 집행 후 저잣거리에 내걸린 시신처럼 무솔리니의 주검은 밀라노에 있는 한 주유소 천장에 거꾸로 매달린 채 오가는 사람의 조롱을 받았다. 무솔리니와 쌍벽을 이루는 전범이자 독재자인 히틀러가 인민의 심판 대신 비겁한 자살을 선택한 것과도 대조가 된다. 우연일지도 모르지만, 무솔리니가 사망한 다음 날, 히틀러는 지하 벙커에서 권총으로 자신의 지옥행 티켓을 끊었다.

그러나 역사는 아이러니의 연속이다. 지난해 12월 22일 이탈리아 프로축구 경기장에서 파시즘의 망령을 떠올리는 희귀한 일이 벌어졌기 때문이다. 이탈리아 프로축구 리그 유베 스타비아팀에서

베니토 무솔리니

뛰고 있는 무솔리니의 증손자 로마노 무솔리니가 프로 데뷔 첫 골을 기록하자 관중들이 단체로 일어나 '무솔리니'를 연호하며 파시스트식 경례를 한 것이다.

무지한 군중의 무지한 행동은 여론의 빈축을 샀다. 하지만 젊은 청년 로마노에게는 무슨 잘못이 있겠는가. 독재자의 증손자라는 이유만으로도 그는 이미 충분히 괴로울 테니 말이다. 단순한 해프닝으로 지나갈 수도 있는 일이었지만, 아직도 이탈리아 사람들의 마음 한구석에는 파시스트 무솔리니에 대한 동경과 추억이 진하게 남아 있는 듯해 쓸쓸하기만 하다.

베니토 무솔리니(Benito Mussolini). 그는 아돌프 히틀러, 도조 히데키와 함께 대표적인 2차 세계대전 전범인 동시에 수많은 사람의 피를 흘리게 한 파시즘의 창시자다. 아돌프 히틀러가 젊은 시절부터 그의 열렬한 팬이었고 그의 영향을 받았다는 것은 이미 잘 알려진 사실이다.

히틀러가 무솔리니의 추종자였다면 무솔리니의 정신적 스승은 역시 『군주론』의 저자인 니콜로 마키아벨리다. 무솔리니는 마키아벨리로부터 '이기적인 인간 본성'과 '힘에 대한 찬양'을 배워 직접 실천했다. 무솔리니가 남긴 수많은 어록 가운데 "타인을 믿는 것은 좋지만 안 믿는 것은 더욱 좋다"라든가 "백 년을 양으로 사는 것보다 하루를 사자로 사는 것이 더 낫다"라는 말은 이런 마키아벨리즘의 진수를 보여 준다.

무솔리니는 대중을 압도하는 대단한 선동가이자 연설가였다. 히틀러도 이에 버금가는 연설가였지만 무솔리니에 비하면 부족하다는 평가가 지배적일 정도다. 히틀러의 연설이 다소 과장되고 힘이 들어가 있다면 무솔리니의 연설은 이탈리아어 특유의 빠른 속도와 리듬이 담겨 있고 연설의 논리성도 뛰어나다고 평가된다.

무솔리니의 대중 연설은 유튜브에서 지금도 쉽게 찾아볼 수 있는데 이런 주장의 진실 여부를 독자들이 직접 확인할 수 있다. 또 하나 특이한 점은 무솔리니가 모국어인 이탈리아어뿐만 아니라 독일어와 영어 등 외국어로도 연설을 자주 했다는 점이다. 실제로 무솔리니는 독일어와 영어 등 다국어에 능했으며 역사와 문학 등 학술 분야에도 지대한 관심이 있었다고 한다.

무솔리니가 1928년에 쓴 『나의 자서전』은 이보다 3년 전 먼저 쓰인 히틀러의 『나의 투쟁』을 모방했다는 이야기도 있지만, 히틀러의 『나의 투쟁』은 대부분 그의 심복인 루돌프 헤스가 대필해서 썼다는 점에서 둘을 단순 비교하기는 어려울 것 같다.

무솔리니가 창시했다는 파시즘도 이론적 관점에서 평가하려면 상당한 시간과 지면이 필요할 것이다. 그는 동시대에 이탈리아 공산당을 창당하고 무솔리니의 파시즘에 맞서 싸운 안토니오 그람시 (Antonio Gramsci, 1891~1937)를 나름의 경쟁자라 생각했던 것 같

베니토 무솔리니

다. 중국 공산당의 대장정을 기록한 에드거 스노우의 『중국의 붉은 별』에는 마오쩌둥의 히틀러와 무솔리니에 대한 평가가 나와 있는데, 마오쩌둥은 히틀러에 대해서는 다소 경멸스러운 태도를 보였지만, 무솔리니에 대해서는 '이론과 실천력이 뛰어난 지도자'라고 호평했다.

적어도 1920년대 무솔리니가 본격적인 독재의 길로 접어들기 전까지 국제무대에서 그에 대한 평가는 나쁘지 않았다. 이탈리아가 영국에 선전포고를 하고 본격적으로 2차 세계대전에 뛰어들기 전 무솔리니를 만났던 윈스턴 처칠은 그를 '로마의 천재'라고 칭했고, 무솔리니의 집무실을 방문해 접견한 미국의 발명왕 에디슨은 '현시대 최고의 천재'라고 추켜세우기도 했다.

무엇보다 그는 자신의 영웅 이미지를 만들어 내는 데 뛰어난 배우이자 연출가였으며 궁극의 홍보 달인이었다. 대다수 독재자들이 그렇듯 무솔리니는 자신이 보통 사람들의 편이며 그들을 위해 헌신한다는 서민형 독재자 코스프레에 능숙했다.

그의 인기가 절정에 달했을 때, 위대한 두체(Duce, 지도자)에게는 하루 1,500통이 넘는 편지와 선물이 도착했다. 오늘로 치면 아이돌에 열광한 팬들이 보내는 사랑의 선물인데, 이들이 위대한 지도자에게 가장 받고 싶은 선물은 그의 사인이 담긴 사진이었다.

상대적으로 단신이었던 무솔리니는 위엄 있고 당당한 지도자의 모습을 연출하기 위해 오늘로 치면 일종의 '이미지 메이킹' 훈련을 게을리하지 않았다. 당시 영국 대사관에서 근무하면서 무솔리니를 가까이서 관찰한 이본 커크패트릭의 저서 『Mussolini』에는 "고개를 뒤로 당긴 채 턱을 앞으로 내밀고 양손을 허리에 두는 등 빈약한 체구에도 불구하고 고압적인 몸짓을 통해 자신을 불굴의 지도자처럼 포장했다"라고 기록하고 있다.

이때부터 무솔리니는 친근한 지도자에서 카리스마 넘치는 독재자로서의 모습을 완성해 간다. 무솔리니는 자신의 개인 신문사였던 〈Il Popolo d'Italis〉를 동원해 자신을 타고난 지도자로 포장했다. 1922년 동생 아르날도에게 편집장 자리를 넘긴 뒤 해당 신문은 무솔리니를 '반신반인'으로 묘사했다.

1925년 1월 3일 무솔리니는 하원을 상대로 한 연설에서 이제 배타적인 파시스트의 길을 걷겠다고 공개적으로 선언한다. 반파시스트 운동가의 전화 통화와 일반인의 편지가 검열당했고 검은셔츠단과 비밀경찰이 사람들과 거리를 감시했다. 이제 모든 회의는 '두체 만세!'라는 외침으로 시작되었고 거리의 인사는 악수를 대신해 오른손을 비스듬히 내뻗는 나치식 인사로 대체됐다. 1932년에는 무솔리니의 발코니 연설을 위해 4차선 대로가 콜로세움에서 베네치아 궁전까지 도심을 가로 지으며 만들어졌다.

무솔리니는 자신의 1922년 로마 진군을 '루비콘강을 건너는 시저'에 비유하며 본격적인 황제 놀이에 심취한다. 그리고 로마는 그의 황제 놀이를 위한 완벽한 연극무대이자 놀이 공간이 되어 갔다.

두체는 석양이 진 다음에야 연설에 나오는 경우가 잦았다. 그러면 거대한 탐조등에 전원이 들어와 발코니를 비추었고 군중은 횃불을 꺼내 들었으며 가까운 건물로부터 모닥불이 점화됐다. 이 같은 극적인 분위기 속에서 제복을 입은 두 명의 경호원이 나와 발코니 양쪽 끝에 각각 자리를 잡으면 군중이 박수를 치기 시작했다. 그리고 나팔이 울리고 마침내 두체가 미소를 지으며 모습을 드러내면 군중은 극도의 흥분에 휩싸였다.[6]

완벽하게 연출된 극장 국가의 모습이다. 이런 고도의 선전 선동술은 향후 히틀러가 나치의 뉘른베르크 전당대회 등에서 완벽하게 학습해 활용한다.

무솔리니는 "고대 로마 제국의 영광을 살리겠다"라는 기치를 내걸고 정권을 잡았다. 오늘날 이탈리아를 관광대국으로 만든 것은 찬란한 로마 제국의 후광이기도 하지만, 무솔리니 집권 기간 공들여서 시행된 대규모 복원작업에도 공을 돌려야 한다. 로마 시내의 많은 복원된 유적들, 성 베드로 성당 앞 화해의 길, 비토리오 에마누엘레 광장 그리고 이탈리아 최초의 고속도로 등 모두가 무솔리니 시대의 작품이다.

오늘날 이탈리아가 무솔리니에게 빚진 또 하나의 유산이 있다. 그건 바로 이탈리아인들이 열광하는 축구다. 1898년 시작된 세리에 A가 오늘날과 같은 현대적인 리그로 전환한 것은 무솔리니 시대이며, 1934년 FIFA 월드컵을 개최해 이탈리아 축구를 세계적 수준으로 업그레이드한 것도 무솔리니다.

이 밖에 라테라노 조약[7]을 체결해 바티칸 시국과의 묵은 갈등을 해결하고 오랜 골칫거리였던 마피아의 문제도 어느 정도 해결한 것도 무솔리니였다.

무솔리니와 히틀러, 애증의 관계

무솔리니와 히틀러의 관계를 흔히 스승과 제자에 비유하기도 한다. 적어도 1930년대 중반까지는 유효한 표현이다. 사실 무솔리니는 히틀러가 자신과 비교되는 것조차 인정하지 않았다. 1934년 6월 히틀러가 무솔리니를 만나기 위해 베네치아를 방문했을 때, 산 마르코 광장에 운집한 군중들이 그들의 위대한 지도자에 열광하는 모습을 보고 히틀러는 굉장히 부러워했다고 한다. 하지만 1937년 9월, 이번에는 무솔리니가 독일의 총통 히틀러를 방문했을 무렵 두 사람의 위치는 서서히 바뀌기 시작한다.

베니토 무솔리니

베를린에서 돌아온 몇 개월 뒤 무솔리니는 독일, 일본과 삼국동맹을 체결함으로써 이제는 완전히 독일에 끌려가는 신세가 된다. 특히 히틀러가 폴란드를 침공할 때 사전에 동맹국인 이탈리아에 일언반구의 언질조차 하지 않음으로써, 무솔리니의 자존심은 크게 구겨진다.

1940년 10월 무솔리니의 군대가 그리스를 무모하게 침공해 위기에 처해 있을 때 군대를 보내 도와준 것도 히틀러였고, 1943년 비토리오 에마누엘레 3세에게 해고된 후 도망자의 신세에 몰렸을 때 친위부대를 보내 그를 극적으로 구출한 것도 역시 히틀러였다.

특히 이탈리아의 뜬금없는 그리스 침공은 히틀러 입장에서는 갈 길 바쁜 자신의 발목을 잡은 꽤 성가신 일이었다. 러시아 전선에 투입할 병력을 돌려 그리스에 투입해야 했으니 말이다. 이제 두 사람의 관계는 조금 '모자라는 형'과 그의 뒤처리에 정신이 없는 부지런한 동생의 관계로 바뀌었다.

1942년 무렵, 그동안 한 수 아래로 여기던 히틀러와의 관계가 완전히 역전된 것에 무솔리니는 꽤나 자존심에 상처가 나고 속이 상했던 모양이다. 이때부터 무솔리니는 자신의 주무기라고 할 수 있는 대중 연설 자리에서 모습을 감추고 한동안 신경쇠약과 우울증에 빠져 지내게 된다.

무솔리니의 마지막 날

◇◇◇◇◇◇◇◇

　이탈리아의 패배가 임박하자 무솔리니의 퇴진을 요구하는 목소리도 거세졌다. 이에 앞장선 사람 가운데 한 명이 바로 무솔리니의 사위 갈레아초 치아노(Galeazzo Ciano)다. 그는 젊은 시절부터 무솔리니의 파시즘에 심취해 1922년에는 로마행군에 동참했으며 1930년에는 무솔리니의 장녀인 에다 무솔리니와 결혼해 권력자의 사위가 된다. 이후로는 언론선전부 장관 및 외교장관 등 파시스트 고위직을 두루 섭렵하며 승승장구한다. 하지만 장인과 사위의 엇갈린 운명은 비극적인 결말을 초래한다.

　로마가 연합군의 폭격을 받은 후 파시즘 정권에 대한 로마 시민들의 분노가 들끓어 오르자 갈레아초가 주도하는 파시스트 대회(Grand Fascist Council)가 열려 무솔리니의 책임을 묻고 그의 퇴진을 위한 투표를 진행한 것이다. 오늘날로 치면 탄핵 투표에 해당하는 이날 투표에서 19:7의 결과로 무솔리니의 퇴진이 공식 결정된다. 하지만 나치 독일이 이탈리아를 점령하고 무솔리니가 잠시 권력에 복귀했을 때, 당시 탄핵을 주도했던 갈레아초는 물론이고 퇴임에 찬성했던 인물들은 모두 체포돼 고문과 함께 잔인하게 살해됐다. 피도 눈물도 없는 권력투쟁 앞에 그야말로 모골이 송연해진다.

　이탈리아 영화 〈무솔리니의 마지막 날(Last days of Mussolini)〉에는 패주하는 독일군 사이에 끼어 도망치려다 체포되는 무솔리니의 지질하고 초라하기 짝이 없는 모습이 리얼하게 묘사돼 있다. 목숨만이라도 부지하기 위해 미군에 신병이 인도되기를 기대했던 무솔리니는 우여곡절 끝에 파르티잔 민병대에 체포되는 바람에, 실낱같은 희망마저 잃게 됐다.

1945년 4월 28일 파시스트 독재자 무솔리니는 이탈리아와 스위스 국경에 위치한 줄리노라는 허름한 마을에서 비참하게 사살된다. 총살 집행 전 파르티잔이 "이탈리아 국민의 이름으로 정의를 실현한다"라고 외칠 때, 무솔리니의 얼굴은 창백하게 굳어 있었다. 루비콘강을 건너 로마로 진군하며 20세기 시저가 되는 꿈을 꿨던 파시스트 독재자는 그때 과연 어떤 생각을 하고 있었을까?

총살 집행 때 그와 마지막까지 죽음을 함께한 사람은 충성을 맹세했던 파시스트 당원이 아니라 그의 오랜 추종자이자 정부(情婦)였던 클라라 페타치(Clara Petacci)가 유일했다.

7

슬로보단 밀로셰비치
SLOBODAN MILOSEVIC
(1941~2006)

반딧불 같은 도시의 불빛들은 보스니아 밤하늘의 별들보다 더욱 밝다. 이것이 한밤중 사라예보에 도착한 관광객들이 가장 먼저 보게 되는 풍경이다.

만일 한낮에 도시를 관광한다면 전설 속에서나 존재했을 동양적인 도시를 발견할 것이고, 휘황찬란한 현대적인 건물이 늘어선 넓은 대로를 활보하며 놀랄 것이다.

1990년대 초반 발칸반도에서 20세기 최악의 참상이 벌어지기 불과 몇 달 전 보스니아 사라예보를 방문하는 관광객들에게 배포된 안내 책자의 문구다. '별빛보다 빛나는 도시' 사라예보. 이 아름답고 환상적인 도시는 이후 최악의 인종 청소가 벌어지는 지옥의 현장으로 변한다.

발칸반도는 대략 프랑스의 국토 면적과 비슷하다. 결코 작은 면적은 아니지만 이 한정된 공간에 수백 년간 수십 개 나라들이 옹기종기 초밀착 상태로 살아왔다면 이야기는 완전히 달라진다. 여기에 민족과 종교까지 제각각 다르다면 문제의 심각성은 더해진다. 영어 단어 'Balkanize'는 '작은 나라로 분할되다'라는 의미를 지닌다.

고등학교 때 세계사 선생님은 발칸 문제를 설명하면서 "정신 바짝 차리고 따라오라"라고 말씀하셨다. 다행인지 불행인지 발칸은 늘 화제의 중심에 있었지만, 그 복잡한 저간의 사정을 제대로 이해하는 사람은 그리 많지 않은 것 같다.

몇 가지 굵직한 키워드를 중심으로 발칸의 비극적 운명을 짚어본다. 정신 바짝 차리고 따라오시길.

경계에 선 발칸반도, 축복인가, 재앙인가?

◇◇◇◇◇◇◇◇

발칸반도의 불행은 늘 경계선에 놓여 있는 운명에서 시작됐다.

우선 AD 395년 로마 제국이 동로마와 서로마로 분열됐을 때 그 경계선이 발칸반도를 관통했다. 공교롭게도 로마 황제들 가운데 디오클레티아누스 황제와 콘스탄티누스 1세 모두 발칸반도 출신이다. 1054년 교회가 동쪽의 정교회와 서쪽의 가톨릭교회로 분열이 될 때에도 역시 그 경계선은 발칸반도를 관통한다. 하지만 두 개의 문화를 동시에 품을 수 있는 지리적 특성이 언제나 축복을 의미하는 것은 아니다. 발칸반도는 그 대표적인 예이다.

15세기부터 19세기에 이르기까지 무려 400여 년 동안 발칸반도는 오스만제국의 이슬람 문화와 비잔틴 제국의 정교회 문화에 동시에 노출돼 있었다는 점도 유념해야 한다. 6세기경, 현재 발칸반도의 주류인 남슬라브인들의 발칸 유입이 진행되고, 1463년 오스만제국의 발칸 지배가 시작되면서 보스니아 지역은 본격적인 이슬람화가 시작된다.

참고로 이때의 영향으로 현재 보스니아 헤르체고비나 지역의 인구 중 44%는 이슬람을 믿는 신도들인데, 이 점은 향후 벌어지는 발칸 분쟁의 중요한 포인트이다. 반면에 크로아티아는 이탈리아와 지리적으로 가깝고 가톨릭 국가의 지배를 받은 기간이 길었기 때문에 가톨릭교도의 비율이 높다. 마지막으로 세르비아 지역은 오스만제국의 지배를 받는 동안에도 이슬람 개종 대신 대부분 정교회 신앙을 고수했다.

정리하자면, 보스니아 지역은 이슬람교, 세르비아 지역은 정교회, 크로아티아 지역은 가톨릭의 강력한 영향 아래 있었고 20세기까지 그 문화가 유지됐다고 보면 된다.(물론 100% 그렇다는 것은 아니다. 예를 들어, 보스니아 지역에도 소수이지만 정교회를 믿는 세르비아인과 가톨릭을 믿는 크로아티아계가 섞여 살고 있다)

이슬람으로 개종한 보스니아인들을 '보슈냐크'라고 부르는데, 이들은 오스만제국에서 등용돼 황제의 근위병인 예니체리 등 다양한 분야에서 활약하기도 했다. 이런 역사 때문에 세르비아인들은 보스니아인들을 '배신자'라고 보는 경향이 있다.

1683년 빈 전투 패배 이후 오스만제국이 급격히 쇠퇴하자 발칸에서의 오스만의 영향력도 줄어들기 시작한다. 이제 서서히 오스만 제국의 통제에서 벗어나고자 하는 독립의 기운은 점점 커져 간다. 1821년 오스만을 상대로 한 그리스의 독립전쟁(1821~1829)은 그 신호탄이 된다. 잘 알고 있다시피 그리스는 대표적인 정교회 국가다.

정교회를 베이스로 범슬라브주의의 대부 역할을 자임한 러시아도 1877년 정교회 연합을 구성해 오스만을 상대로 전쟁(2차 동방 전쟁)을 벌이면서 판은 점점 더 커진다.

또 한 번의 변곡점은 1914년 사라예보에서 젊은 세르비아계 청년이 오스트리아 헝가리 제국의 황태자 부부를 암살하면서 벌어진다. 그리고 이 사건은 제1차 세계대전의 기폭제가 된다. 그럼 도대체 왜 이 세르비아계 젊은이는 무슨 억하심정에 황제 부처를 쏘았을까?

가브릴로 프린치프란 이름의 이 젊은이는 당시 보스니아 내에 거주하는 세르비아계 젊은이였는데, 합스부르크가의 오스트리아 헝가리 제국이 보스니아를 합병한 것에 분노해 대형 사고를 친 것이다. 당시 세르비아계의 슬라브 민족주의가 얼마나 강렬했는지 보여 주는 상징적인 장면이다.

당연히 황제를 잃은 오스트리아 헝가리 제국은 배후로 지목된 세르비아를 상대로 선전포고를 하고, 여기에 범슬라브주의의 대부를 자처하는 러시아가 뛰어들고, 여기에 다시 오스트리아 헝가리 제국과 함께 게르만 민족주의를 지향하는 독일이 뛰어드니 결국 세계대전으로 비화된 것이다.

1차 세계대전 후 오스트리아 헝가리 제국과 오스만제국은 패전국의 멍에를 안은 채 해체된다. 이후 발칸반도에는 세르비아, 크로아티아, 그리고 슬로베니아로 구성된 연합왕국, 일명 베오그라드 왕국이 출범하고 보스니아 헤르체고비나는 이 왕국에 병합된다. 그리고 1929년 '유고슬라비아 공화국'으로 국명을 바꾸고 1948년에는 티토의 지도 아래 연방제로 전환한다.

사실 티토는 어느 한 민족이 주도권을 쥐는 중앙집권제 대신 여러 민족이 공존하며 수평적 구조를 유지하는 분권적 연방제를 선호했다. 2차 세계대전 중 나치에 대항해 빨치산 저항운동을 주도했던 티토는 전후에 이런 구상을 실현한 것이다. 티토가 국제적 패권주의라고 생각한 소련의 간섭을 배제하고 비동맹노선을 추진한 것도 국내의 분권형 연방제와 그 궤를 같이하는 것이다. 참고로 구 유고연방의 건국기념일은 1948년 11월 29일이다.

어찌 보면 해피엔딩 같지만, 세르비아계는 언제나 자신들이 다른 민족에 비해 우월하다고 생각하며 연합왕국의 주도권을 가져야 한다고 생각했다. 이것이 발칸반도 비극의 두 번째 분쟁 포인트다. 참고로 우리가 알고 있는 구(舊) 유고연방, 즉 '유고슬라비아'라는 이름에서 '유고'는 남쪽을, '슬라비아'는 '슬라브족의 땅'을 의미한다. 다시 말해 유고슬라비아는 '남슬라브족의 나라'라는 뜻이다. 나라 이름에서부터 슬라브족의 우월의식, 좋게 말해 자긍심이 강하게 느껴진다.

유고연방 시절에는 자진 신고에 기반한 민족별 인구조사가 실시됐는데, 자신을 '유고슬라비아인'으로 신고한 사람은 1971년에 2%, 1981년에는 4%에 불과했다. 이것은 유고연방 자체가 모래알처럼 언제든지 무너져 내릴 수 있었다는 사실을 방증한다.

1980년 5월 발칸 통합의 상징 티토가 사망하자 발칸은 그동안 어렵게 봉합된 상처를 다시 드러내기 시작한다. 1991년 슬로베니아와 크로아티아가 차례로 독립을 선언하자 세르비아 중심의 연방군이 이들을 상대로 전쟁을 선포한다. 이 전쟁의 선두에 선 사람이 바로 세르비아의 밀로셰비치다. 밀로셰비치는 이번에야말로 슬라브족의 확실한 주도권을 되찾아야겠다고 생각한다.

가장 큰 문제는 보스니아 헤르체고비나였다. 당시 보스니아 헤르체고비나의 440만 인구 가운데 이슬람교도는 약 40%, 세르비아인은 약 32%, 크로아티아인은 약 18%로 구성돼 있었는데, 세르비아는 이참에 보스니아 내부에 있는 세르비아계를 자극해 독립을 지원할 생각이었다. 지원은 개입이 되고, 개입은 다시 학살로 변하면서 밀로셰비치는 본격적인 학살의 주동자가 된다.

보스니아 내전 중 가장 잔인한 학살로 기억되는 사건은 1995년 7월 보스니아 헤르체고비나의 접경 도시 스레브레니차에서 발생한 일명 '스레브레니차 학살사건'이다. 세르비아계 스릅스카군의 주도하에 계획적으로 자행된 민간인 학살사건으로 공식적으로 8,732명의 사망자가 발생했다. 사망자 중 상당수는 아이와 여성들이었다. 이는 제2차 세계대전 이후 유럽에서 발생한 가장 큰 규모의 대량 학살사건으로 '보스니아의 홀로코스트'라고 불리기도 한다.

더 경악스러운 사건은 이슬람계 여성들을 상대로 한 집단 강간이다. 보스니아 내전 중 수천 명의 보스니아 내 이슬람 여성들이 세르비아계 남성들에 의해 집단 강간을 당했다. 강간을 당한 여성들은 낙태하지 못하도록 강제로 집단 수용되기도 했다. 이슬람의 '씨를 말려 버리고' 세르비아계의 씨를 잉태시키는 것은 물론 이들을 성 노예로 만들어 종교적 신념까지 파괴하려는 이 천인공노할 만행에 세계가 분노했다.

지도자로서의 밀로셰비치 말고 개인 밀로셰비치에 관한 자료는 많지 않다. 그가 저지른 범죄의 잔악성을 고려한다면 인물의 중요도가 떨어져서는 아닐 것이다. 역설적이지만 그의 사생활이 범죄 행위의 심각성에 가려 있다고 보는 것이 좀 더 객관적인 평가일 것이다.

슬로보단 밀로셰비치는 2차 세계대전이 한창이던 1941년 세르비아 포자레바츠에서 정교회 사제 아버지와 교사 어머니 사이에 태어났다. 앞서 말한 것처럼 유년 시절에 관한 기록은 별로 없지만 그의 아버지와 어머니 모두 자살로 생을 마감했다고 한다. 우연일 수도 있지만, 유고슬라비아 고위 군 장성을 지내던 그의 삼촌 역시 권총으로 자살했다. 향후 밀로셰비치의 정신감정을 하던 심리학자들은 이런 불우한 환경이 어떻게든 냉혈한 밀로셰비치를 만들었을 것으로 보고 있다. 하지만 불우한 환경에 있는 사람 모두가 잔인한 독재자가 되는 것은 아니란 점에서 어디까지나 참고 자료일 뿐이다.

1960년 밀로셰비치는 베오그라드 대학교 법학부에 입학해 법학을 전공하고 이 과정에 유고슬라비아 공산당 이데올로기 위원회 수장을 맡는 등 본격적인 공산주의에 심취한다. 대학 졸업 후에는 국영 가스 회사인 테크노 가스에 취직해 경제 관련 분야 경력을 쌓으며 승승장구하다 1973년에는 테크노 가스 사장에 오른다. 우리로 치면 한국가스공사 말단직원에서 시작해 공사 사장에 취임한 셈인데, 나름의 입지전적 성과를 보여 줬다고 할 수 있다.

기업인에서 정치인으로 변신한 밀로셰비치는 당시 세르비아 공산당 지도자이자 대학 시절 공산당 활동을 함께한 이반 스탐볼리치의 후원 아래 1984년에는 공산당 베오그라드 지구당 위원장에 오른다. 그는 이때부터 세르비아 민족주의에 대한 노골적인 발언으로 세르비아인들 사이에 열광적인 지지를 받으며 1989년에는 마침내 세르비아 사회주의 공화국 대통령에 당선된다. 그가 대통령이 된 후 가장 먼저 한 일은 세르비아 내 자치주인 보이보디나와 코소보의 공산당 서기장을 친 세르비아계로 바꾸고 이들의 자치권을 박탈하는 일이었다. 이제 유고슬라비아 전쟁의 분위기는 완전히 무르익은 셈이다.

밀로셰비치를 욕하고 비난하는 것은 쉬운 일이다. 그리고 그를 칭찬하거나 흠모한다면 거리에서 돌을 맞을 각오를 해야 한다. 하지만 지금도 세르비아에서 그의 입지는 탄탄하다. 이른바 '샤이 보수'의 힘으로 트럼프가 당선된 것처럼, 살인자 밀로셰비치를 그리워하고 추모하는 목소리는 여전히 남아 있다. 극단적 민족주의를 앞세운 전쟁이 독재자들에게 얼마나 달콤한 유혹인지 확인할 수 있는 대목이다.

극우적 민족주의 아래서도 시민의 양심은 언제나 살아 있다. 극우 정당들과 연합하여 대통령에 당선되려던 밀로셰비치의 꿈이 무산된 것도 일명 '불도저 혁명'이라고 불리는 세르비아 국민들의 저항이 있었기에 가능한 일이었다.

밀로셰비치의 거짓 선전 선동과 누적되는 전쟁의 피로에 이어 부

슬로보단 밀로셰비치

정 선거 의혹까지 불거지자 이에 반발한 세르비아 내 반정부 시위대가 불도저 등 중장비를 이용해 세르비아 국영방송과 국회, 정부청사를 점거하는 사태로 이어졌다. 이때 무려 30만 명의 시민들이 동참하면서 밀로셰비치의 퇴진을 요구한다.

결국 2000년 10월 15일 밀로셰비치는 자진사퇴 형식으로 권좌에서 물러났지만, 향후 자신을 옥죄어 오는 전쟁범죄에 대한 일종의 면죄부를 마련하려는 꼼수로도 읽힌다. 실제로 그는 국제형사재판소의 기소를 피하고 세르비아 내부의 형사절차에 따르겠다고 강하게 버텼지만 2001년 권력 남용 및 부정부패 혐의로 체포된 후 2001년 6월 전범재판소에 인도된다. 밀로셰비치는 발칸반도에서 벌어진 66건의 전쟁 및 반인륜 범죄 혐의와 1995년 세르비아 내 UN 안전지대에서 8,400여 명의 이슬람교도를 대량 학살한 혐의로 기소되어 지난 2002년 2월부터 4년간 국제형사재판소의 재판을 받았다. 발칸의 도살자 밀로셰비치는 2006년 3월 11일 64세의 나이에 헤이그 감옥에서 사망한 채 발견되는데, 그의 전임자인 스탈린이나 폴 포트처럼 정의의 심판 대신 급사라는 면죄부를 받은 것이다. 그의 죽음을 둘러싼 여러 가지 설들이 돌기도 했지만, 네덜란드 법의학 연구소에서 실시한 검사에서 독극물이나 기타 타살의 흔적이 발견되지는 않았으며 최종 사인은 자연사로 최종 결론지어졌다.

놀랍지만, 그의 장례식에는 긴 추모행렬이 이어졌다. 오늘날에도

밀로셰비치를 애국자, 세르비아의 영웅이라고 부르는 사람들도 적
지 않다.

아직 발칸의 평화를 말하기 어려운 이유이다.

8

리처드 닉슨
RICHARD NIXON
(1913~1994)

우리의 닉슨, 그리고 대통령의 귀향

◇◇◇◇◇◇◇◇

국내에도 소개된 다큐멘터리 영화 〈우리의 닉슨〉의 영어 원제목은 한국어 타이틀과 동일한 〈Our Nixon〉이다. '우리의 닉슨'. 왠지 친근하고 다정한 동네 아저씨를 부르는 느낌이다. 그는 과연 끝까지 자랑스러운 '우리의 닉슨'으로 남을 수 있었을까?

이 다큐멘터리의 주인공은 당연히 닉슨이지만, 실제로 이야기를 끌고 나가는 주된 화자(話者)는 닉슨 정부의 핵심 인사였던 3명의 참모들이다. 자신을 '닉슨의 개'라고 부르며 정권 초기부터 닉슨의 비서실장이자 최측근으로 활약했던 밥 홀드먼, 민정수석을 담당했던 존 얼릭먼, 그리고 특별보좌관이었던 드와이트 체이픈 등이 바로 그들이다. 1969년 닉슨 정부의 출범과 함께 승승장구하던 세 사

리처드 닉슨

람 모두 워터게이트 사건으로 법정 구속된 바 있다.

비디오광(狂)이었던 밥 홀드먼이 닉슨의 지근 거리에서 촬영한 필름 자료를 바탕으로 전개되는 이 다큐멘터리는 워터게이트 사건이 터진 후, 이 세 사람이 말하는 사건의 전말과 함께 대통령으로서의 닉슨, 그리고 한 인간으로서의 닉슨을 잘 보여 주고 있다.

대통령이 한다면, 그것은 불법이 아니다?

◇◇◇◇◇◇◇◇

복잡한 워터게이트 사건을 한 문장으로 정리하면 '1972년 대선 당시 민주당의 선거본부에 도청 장치를 설치하고 이를 은폐하려 한 사건' 정도가 될 것이다.

물론 설명만큼 단순하지는 않지만, 이 사건으로 닉슨이 대통령직에서 내려올 수밖에 없었던 결정적인 요인은 바로 '거짓말'이다. 닉슨은 끝까지 자신의 혐의를 부인했다. 관련 증거들이 줄줄이 나오는 상황에서도 대통령 권한을 이용해 사실상 결정적 증거에 해당하는 자신의 목소리가 담긴 녹음테이프의 공개를 막으려고 시도했다.

특히 원본 테이프에서 18분 30초간 삭제된 사실이 밝혀지면서 증거 인멸의 우려까지도 제기됐다.

하지만 연방대법원이 만장일치로 이를 기각하면서 닉슨은 완전히 궁지에 몰리게 된다. 닉슨의 육성 테이프 공개 여부에 대한 심리에는 연방대법원 9명 중 8명이 찬성했는데, 연방대법관 중 한 명이었던 윌리엄 렌퀴스트 대법관은 닉슨 정부의 법무부에서 일한 경력 때문에 이 심리에는 참여하지 않았다. 사실상 참석한 8명 전원의 만장일치로 기각된 것이다. 그리고 심리에 참여한 8명의 대법관 중 3명은 닉슨이 임명한 대법관이었다.

결국 탄핵 가결 직전에 닉슨이 자진 사임함으로써 사태는 마무리됐지만, 이와 관련해 그는 그 어떤 사법적 책임도 지지 않았다. 자진 사임에 대한 조건으로 면책특권과 테이프 영구 비공개 요구가 의회에서 받아들여졌기 때문이다. 닉슨의 뒤를 이은 포드 대통령은 특별사면을 통해 그에게 완벽한 면책권을 부여했다.

닉슨은 퇴임 이후에도 워터게이트를 자신의 실책이나 범죄행위로 인식하지 않았음이 분명하다. 1977년 영국의 저널리스트 데이비드 프로스트와의 인터뷰에서 닉슨은 "대통령이 한다면, 그것은 불법이 아니다.(when the president does it, that means that it is not illegal)"라고 말했고 실제로 단 한 번도 공식 사과를 한 적이 없기 때문이다.

"대통령이 한다면, 그것은 불법이 아니다"라는 닉슨의 말은 어쩐지 기시감이 든다. 12·3 비상계엄 선포를 대통령의 '통치행위'라고 강변한 어느 분의 이야기 말이다.

닉슨 사임 열흘 전, 대통령의 불안전한 정신상태를 우려한 제임스 슐레진저 당시 국방장관이 군에 대통령과 백악관의 군사명령, 특히 핵전쟁 관련 명령을 따르지 말라는 비밀 지시를 내린 일화도 우리에겐 낯설지 않다. 우리의 경우는 국방장관이 대통령과 한 몸이 돼서 움직였다는 점만 다를 뿐이다.

물론 대통령제의 특수성을 고려해 비상시 대통령의 특수한 권한 행사를 '통치행위'로 인정하는 주장도 있지만, 닉슨이 내뱉은 말속에는 일종의 '제왕적 대통령'이라는 망상이 꿈틀거리고 있다.

사실 닉슨은 전임 대통령들과 비교해 그리 매력적인 인물이 아니었다. 잘생긴 혹은 호감이 가는 외모도 아니었고 소위 말하는 명문대 출신도 아니었다.

역사는 종종 케네디와 닉슨을 라이벌로 묘사하지만, 현실은 그렇지 않았다. 둘은 출발부터가 달랐다. 케네디가 전형적인 금수저 출신이라면 닉슨은 전형적인 흙수저였다. 1913년 캘리포니아주 요바린다 출신인 닉슨은 1930년 하버드대에 입학했지만, 하숙비가 없어 등록을 포기하고 집 근처에 있는 휘티어대에 다시 입학한다. 나중에 듀크대 법대로 대학을 옮기지만 생활 형편이 나아진 것은 아니었다.

그의 학창 시절 별명은 '무쇠 머리'. 며칠 밤을 새워 가며 공부하는 모습을 보고 지어진 별명이라고 한다. 가진 것은 없지만 타고난 성실성과 근면은 그의 트레이드 마크였다. 반면에 1917년 메사추

세츠주 출신인 케네디의 집안은 화려했다.

아버지 조셉 케네디는 월가에서 큰돈을 번 잘나가는 기업인이었고, 어머니 로즈 피츠제럴드는 보스턴 시장을 지낸 유명 정치인의 딸이었다. 케네디는 하버드에 입학했고, 최고급 자동차를 몰며 유럽 여행을 다니던 전형적인 부잣집 도련님이었다.

1960년 11월 8일. 치열한 접전 끝에 美 대선에서 케네디가 승리한다. 커뮤니케이션 학계에서 늘 회자가 되는 당시 TV 토론에서 두 사람은 극히 상반된 이미지를 보여 준다. 풍부한 행정 경험을 바탕으로 논리적으로는 케네디를 압도했지만, 쉴 새 없이 땀을 닦으며 뭔가 자신 없어 보이는 닉슨과 달리, 케네디는 자신만만한 태도, 수려한 외모와 현란한 말솜씨로 대중들을 매료시켰다.

닉슨이 느꼈을 좌절감과 열등감은 영화를 보는 내내 보는 이들마저 힘들게 할 정도다. 1995년 올리버 스톤 감독이 만든 영화 〈닉슨〉은 바로 이러한 닉슨의 인간적인 모습을 잘 보여준다.

1969년 인류 최초의 달 착륙, 베트남전 종식, 중국과의 데탕트 등 외교사적으로 나름 큰 업적을 거뒀고 재선에도 성공하지만 결국 닉슨은 미국 역사에서 '실패한 대통령'으로 기억되고 있다. 그리고 그 중심에 워터게이트 사건이 있다. 다큐멘터리 말미에 흐르는 노래는 매우 상징적이다. 그동안 대통령 닉슨에 열광하던 사람들이 이제 그를 피하기 시작한다. 노래의 내용은 이렇다.

"퇴임 후 우리 마을로 오지 마세요. 우리 마을이 무슨 죄가 있나

리처드 닉슨

요."

미국인들에게 닉슨은 더 이상 '우리의 닉슨(Our Nixon)'이 아니었다. 불명예 퇴진 후, 닉슨은 자신의 회고록을 비롯한 여러 권의 정치 분석서를 출간했다. 경제적인 어려움에서 벗어나고자 한 이유도 있지만 대중의 관심으로부터 멀어지고 싶지 않았던 측면도 있었을 것이다.

그리고 클린턴이 재임하던 1994년 뇌졸중으로 쓰러진 그는 끝내 의식을 찾지 못하고 사망한다. 그의 시신은 고향인 캘리포니아 주로 옮겨져서 한 해 전 세상을 떠난 아내의 무덤 곁에 안장됐다.

대통령의 귀향

◇◇◇◇◇◇◇◇

2023년 11월 19일, 지미 카터 전 미국 대통령의 부인인 로잘린 여사가 향년 96세의 나이로 세상을 떠나자 미국 전역이 애도의 물결로 가득했다.

불과 1년 후인 2024년 12월 29일 지미가 그녀의 뒤를 따라 100세의 나이에 타계했을 때도 마찬가지였다. 미국의 공영방송인 PBS를 비롯한 다양한 방송과 매체에서 로잘린 여사와 지미 카터의 장례식을 생중계했고, 전현직 대통령의 애도사가 줄을 이었다.

막말의 대명사인 트럼프 대통령조차 카터 부부가 전 국민으로부터 존경과 감사를 받았다며 그들의 특별한 업적과 국민을 위한 봉사의 정신을 영원히 기억할 것이라고 말했다. 특히 카터의 장례식에는 바이든을 포함한 전현직 대통령 5명이 모여 민주, 공화 정파를 떠나 한마음으로 그의 죽음을 애도했다.

1924년생인 카터 전 대통령은 조지아주 상원 의원, 주지사를 거쳐 1977~1981년 39대 미국 대통령을 지냈고, 퇴임 후에는 고향인 조지아주의 작은 마을 플레인스라는 곳으로 돌아갔다. 퇴임 후 카터는 민간 외교와 사회 운동, 특히 우리에게도 익숙한 해비타트 사랑의 집 짓기 운동 등 활발한 사회활동의 공적을 인정받아 2002년에는 노벨 평화상을 수상하기도 했다.

재임 기간 중 카터의 다양한 대내외 정책이 비판의 대상이 되기도 했지만, 퇴임 후의 그의 행보는 여러 가지로 후임 대통령들의 본보기가 되기에 충분했다. 특히 카터의 곁에는 언제나 그림자 같은 로잘린 여사의 손길이 있었다.

카터의 정치적 텃밭이자 고향인 조지아주의 존 오소프 상원 의원은 애도사를 통해 "조지아주와 미국은 카터 부부 덕분에 '더 나은 곳(better place)'이 되었다"고 헌사(獻辭) 했다. '더 나은 곳' 더 나아가 '더 나은 세상'을 만든 주인공으로 기억된다는 것은 어쩌면 지도자로서 최고의 영예가 아닐까 싶다.

조지아주의 작은 시골 마을에서 옆집 오빠와 옆집 동생으로 만나

77년을 부부로 해로한 카터 부부의 최종 안착지는 역시 그들의 고향 조지아주의 시골 마을이었고 아무도 그들의 귀향에 시비를 걸지 않았다.

한국의 대통령들도 퇴임 후에는 대부분 고향으로 돌아갔다. 김영삼 대통령과 김대중 대통령도 그들의 정치적 고향이라고 할 수 있는 상도동과 동교동 자택으로 돌아갔고, 노무현 대통령은 봉하마을로, 문재인 대통령도 역시 고향인 양산에서 각각 터를 잡았다.

노무현 대통령은 고향 마을에서 새로운 공동체를 꿈꾸며 특유의 사람 냄새나는 행보로 사랑을 받았지만, 결국 비극적인 운명을 맞이했다. 문재인 대통령도 귀향 후 일부 극우 유튜버들의 욕설과 비방으로 한동안 시달림을 받아야 했다.

물론 이승만 대통령처럼, 불명예 퇴진 후 해외로 망명을 떠나야 했거나, 임기 전에 탄핵되어 구치소로 향해야 했던 박근혜 전(前) 대통령의 비극적인 사례도 있다.

퇴임 후, 고향 사람들의 따뜻한 위로를 받으며 평화로운 귀향에 성공하지는 못할망정, 죽어서도 묻힐 곳을 찾지 못해 떠도는 비운의 주인공도 있다. 지난 2021년 11월 23일 사망한 전두환 전(前) 대통령은 유족들이 장지를 구하지 못해, 연희동 자택에 무려 2여 년간 유골을 안치하는 초유의 사태를 겪어야 했다. 결국 지난해 11월, 고인의 유지에 따라, 휴전선과 가까운 파주시 문산읍 장산리의

한 사유지에 전두환 전 대통령의 유골을 안장할 것이라는 이야기가 나왔지만, 해당 지역 주민들의 거센 반발에 부딪혀야 했다.

문산읍 장산리 지역 주민들은 '학살범 전두환은 여기 오지 마라'라는 현수막을 내걸었고, 해당 지역 시민단체들도 '쿠데타', '광주 학살', '민중 탄압'의 상징인 전두환이 묻힐 자리는 없다며 역시 강경한 반대 입장을 밝혔다.

한일 양국 모두에서 이른바 '망언 제조기'라고 불리는 아소다로(麻生太郎) 일본 자민당 부총재의 한국 정치지도자들에 대한 발언이 논쟁을 불러온 적이 있다.

2023년 10월 13일 자 마이니치 신문의 보도에 따르면, 그는 이 날 일본 정·재계가 결성한 한일 협력위원회 국회의원 간담회에 참석해 발언하던 중 "한국의 역대 대통령은 5년 임기를 마치면 대부분 살해되거나 체포된다"라는 또 다른 망언을 내뱉은 것이다. 분명한 망언인데, 완전히 부정하기도 어렵다는 것이 우리 근현대사의 비극이 아닐 수 없다.

1970~1980년대 한국에서는 여느 독재국가와 마찬가지로 대통령이 행사장에 등장할 때면 어김없이 '대통령 찬가'라는 것이 흘러나왔다.(기억 못 한다면 당신은 신세대임이 분명하다) 전체 내용은 기억나지 않지만, 가사 중 '우리 대통령'이란 내용이 있었던 것으로 어렴풋한 기억이 난다. '대통령 찬가'는 유신과 군사독재의 잔재로 김영삼 문

민정부 들어 사라졌지만 어린 마음에도 강한 인상을 남긴 것만은 분명하다. 그러나 '우리 대통령'을 부르던 아이들이 성장해 '독재 타도'를 외치는 청년이 됐다는 사실은 역사의 아이러니가 아닐 수 없다.

아소다로의 망언을 보란 듯이 비웃고, 퇴임 후 회고록도 내고 강연 활동도 하며, 한국의 발전을 위해 노심초사 애도 쓰는, 그런 자랑스러운 '우리의 대통령'은 언제쯤 볼 수 있을까?

미국 대통령
탄핵의 역사

미국에서 대통령 탄핵은 하원이 소추하고 상원이 심판하는 구조로 돼 있다.

지금껏 하원에서 탄핵소추안이 통과돼 상원에서 실제로 탄핵 심판을 받은 대통령은 앤드루 존슨(Andrew Johnson), 빌 클린턴(Bill Clinton) 그리고 현직 대통령 도널드 트럼프(Donald Trump)를 포함해 모두 3명이다. 물론 이들 가운데 탄핵 심판이 통과해 실제 탄핵을 당한 사람은 아무도 없다. 닉슨 대통령이 탄핵당한 것으로 알고 있는 사람이 많지만 정작 그는 탄핵 심판 전에 자진하야를 선택했다.

앞서 말한 대로 하원의원 과반이 찬성하면 탄핵소추안이 통과되고, 상원의 3분의 2, 그러니까 현재 100석의 상원 의석 가운데 67석 이상이 탄핵 사유가 정당하다고 판단하면 대통령은 곧바로 탄핵이 된다.

미국 역사에서 탄핵 심판의 문턱에 가장 가까이 갔던 대통령은

리처드 닉슨

앤드루 존슨이다. 당시 부통령이었던 앤드루 존슨은 링컨 대통령이 암살된 후 대통령직을 승계했다.

남부 상원 의원 출신이었던 존슨은 남부의 대변인을 자처하며 남부 쪽에 불리한 법안에 대해서는 사사건건 반대했지만, 재판에 회부가 된 남부 장군들에 대해서는 오히려 관대한 조처를 하며 의회와 각을 세웠다. 더 큰 문제는 그가 공공연하게 인종차별주의적 발언과 행동을 서슴지 않았다는 점이다. 존슨이 탄핵에 이르게 된 결정적인 사유는 대통령이 의회의 동의 없이 장관을 임의로 해임하는 것을 금지하는, 이른바 '관직 보유법'을 어겼기 때문이다. 의회와의 갈등이 깊어 가던 1867년 가을, 앤드루 존슨 대통령은 에드윈 스탠턴(Edwin Stanton) 육군 장관을 의회 동의 없이 해임하려 했다. 이에 스탠턴 장관이 물러나기를 거부하며 체인으로 자신을 묶는 소동을 벌이자 의회가 나서 대통령의 해임 철회를 요구하지만 받아들여지지 않는다. 결국 1868년 3월 13일 상원에서 재판이 시작되었고, 5월 19일 탄핵안이 투표에 부쳐졌다. 하지만 그야말로 간발의 차이인 단 한 표 차이로 부결됨으로써 앤드루 존슨은 미국 최초의 탄핵 대통령이라는 오명에서 가까스로 벗어날 수 있었다.

미국 역사상 두 번째 탄핵 심판 대상은 빌 클린턴 대통령으로 이른바 르윈스키 섹스 스캔들 혹은 '지퍼 게이트(zipper gate)'라 불리는 사건과 관련해 위증 교사와 특별검사의 수사를 조직적으로 방해한 혐의로 탄핵 심판을 받았다. '게이트'라는 이름이 붙었지만, 사실 내용은 닉슨의 워터게이트만큼 복잡하지는 않다. 이 사건은 클린턴 대통령이 재임 당시 백악관 인턴이었던 모니카 르윈스키와 '부적절한 관계'를 맺었고 르윈스키가 이 사실을 동료인 린다 트립과 통화하면서 허물없이 털어놓았는데, 린다가 이 내용을 녹음하고 언론에 공개하면서 시작됐다. 어찌 보면 대통령의 은밀한 사생활 정도로 지나갈 수 있던 문제였지만, 문제는 역시 대통령의 거짓말과 위증이었다.

결국 클린턴 대통령이 국민 앞에 생방송으로 사과하면서 동정론이 일었고 역시 상원에서 탄핵이 부결돼 대통령직에 복귀할 수 있었다. 하지만 당시 이 사건은 미국인들에게 대통령의 거짓말이라는 트라우마를 다시 한번 일깨웠으며 무엇보다 클린턴 개인은 자신의 은밀한 사생활(성생활)을 만인 앞에 드러내야 하는 수모를 겪어야 했다. 혹자는 클린턴이 만든 최대의 유행어는 '부적절한 관계(inappropriate relation)'라고 비웃기도 한다.

가장 최근의 탄핵 심판 대상자는 지난해 2024년 재선에 성공한 도널드 트럼프 대통령이다. 그는 순서로는 앤드루 존슨, 빌 클린턴에 이어 3번째이지만 재임 중 두 번에 걸쳐 탄핵 대상이 된 진기록을 소유하고 있다. 그러니까 그는 미국 역사상 4번의 대통령 탄핵 심판 가운데 절반인 2번(3번째와 4번째)의 주인공인 셈이다.

이른바 '우크라이나 스캔들'이라고 불리는 3번째 탄핵 심판은 트럼프 대통령이 군사지원을 대가로 내세워 정적인 조 바이든 전 부통령과 그의 아들을 조사하도록 우크라이나 젤렌스키 대통령에게 영향력을 행사하려 했다는 것이 쟁점이 됐다.

시사 주간지 타임은 "I would like you to do us a favor…"라고 시작하는 트럼프와 젤렌스키 간의 통화 내용 일부를 공개했다. 문장만 보면 정중한 부탁 정도로 들리지만, 상대적 약자인 젤렌스키 입장에서는 상당한 압박으로 느꼈을 가능성이 높다. 다시 권좌에 돌아온 트럼프와 러시아와의 전쟁으로 미국의 도움이 그 어느 때보다 절실한 젤렌스키가 어떤 얼굴로 다시 대면하게 될지 궁금하다.

미 하원은 국가권력 남용을 이유로 이 사안을 중대 범죄행위로 간주하고 탄핵을 강행하려 했지만, 역시 상원 다수를 점하고 있는 공화당 의원들의 반대로 무산이 됐다. 하지만 당시 분위기는 공화당에서 언제든지 이탈표가 나올 수 있는 상황이었기 때문에 결과를 장담하기는 어려웠다. 당시 시사 주간지 뉴스위크지는 이탈이 예상되는 공화당 상원 의원 7명의 명단을 발표하기도 했다. 이들 중에는 유타주 미트 롬니를 비롯해, 메인주 수잔 콜린스, 애리조나주 마사 맥셀리, 콜로라도주 코리 가드너 등이 포함돼 있었다.

4번째 탄핵 심판은 이보다 더 심각한 상황이었다. 이른바 '1·6 의회 폭동'으로 알려진 사건에 적용된 탄핵 심판 사유는 '내란 방조' 혐의다. 미국 헌법이 규정하고 있는 탄핵 요건은 반역(Treason),

뇌물수수(Bribery), 그리고 기타 중범죄(other High Crimes)로 돼 있는데, 내란 방조는 이 가운데 반역에 해당하는 것으로 그 사안의 무게가 남다르다. 트럼프는 대선 패배 이후 줄곧 부정 선거를 주장해 왔다. 특히 의회 폭동 이틀 전인 1월 4일에 조지아주 투표 결과 번복을 강요하는 전화 통화 내용까지 공개되면서 파장은 더 커졌다. 집착에 가까울 정도로 가짜뉴스에 빠져 있던 트럼프는 자신의 지지자들을 향해 의회를 향해 행진해 잘못된 것을 '바로 잡으라'고 주문했다. 사실상 의회 폭동을 주문한 것이나 다름이 없다.

1월 6일 시위대가 유리창과 문을 부수고 의사당 내부로 난입해 하원의장 사무실과 상원 의장석마저 점거하는 사상 초유의 사태가 발생한다. 이 과정에 경찰과 시위대 모두에서 사상자가 발생하는 불상사도 발생했다. 당일 CNN은 'Mob Invades Capitol(폭도가 의회를 침공하다)' 라고 보도했고 NBC를 비롯한 많은 언론이 이 사태를 'riot(폭동)'이라 규정했다. 심각한 국기문란 행위이자 반란에 해당하는 이 행위에 대해서 같은 공화당 의원들조차 분노하며 공공연하게 트럼프를 비판했다.

군 통수권자인 트럼프가 이점을 이용해 군을 동원할지 모른다는 우려 때문에 당시 낸시 펠로시 하원의장이 마크 밀리 합참의장과 이 문제로 통화한 사실이 나중에 밝혀지기도 했다. 군 통수권자인 대통령을 국가안보의 '위협'으로 인식한 것은, 닉슨 대통령의 워터게이트 사건 이후 두 번째다.

리처드 닉슨

2023년 1월 13일 하원에서 트럼프에 대한 탄핵소추안 투표가 진행됐다. 결과는 찬성 232표, 반대, 197표, 무효 4표로 가결됐지만 트럼프의 임기 만료가 불과 일주일밖에 안 남은 상황(1월 20일까지)이라는 점을 고려해 상원에서의 최종 투표는 이뤄지지 않았고 트럼프는 미국 최초의 탄핵 대통령이라는 오명에서 가까스로 벗어날 수 있었다.

2024년 대선에서 트럼프가 승리하면서 그를 선거 방해 모의 및 투표권 방해와 사기 혐의로 기소했던 스미스 특검이 트럼프에 대한 공소를 취하함으로써 이 사건은 사실상 종결됐다.

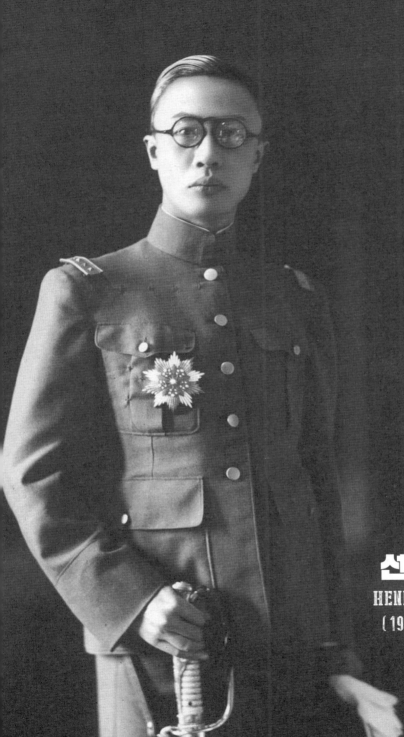

9

선통제
HENRY PU YI
(1906~1967)

정확한 연도는 기억나지 않지만, 거장 베르나르도 베르톨루치 감독의 대작 〈마지막 황제〉의 리마스터링 개봉을 앞두고 언론 시사회에 참석한 적이 있다. 1988년 국내 개봉했던 〈마지막 황제〉는 당시 엄청난 흥행을 거뒀고 그해 제60회 아카데미 시상식에서 감독상과 각색상, 음향상 등 9개 부문을 휩쓸었던 나름 한 시대를 풍미했던 명작이었다.

하지만 부푼 가슴을 안고 찾은 시사회장에는 놀랍게도 나를 포함해서 달랑 5명만이 참석을 했다. 배급사가 영세하고 홍보에 미숙한 탓도 있겠지만, 아무리 그래도 그렇지, 명색이 〈마지막 황제〉인데, 라는 씁쓸한 생각이 들었다. 그나마 시사회에 참석한 5명조차도 영화 관련 종사자가 얼마나 될까 의심스럽다. 팝콘을 끼고 영화 내내 잡담을 즐기던 노부부를 보다가 문득 비운의 마지막 황제 푸이의 초라한 얼굴이 떠올랐다.

선통제

그리고 타이틀과 함께 아련하게 들려오는 류이치 사카모토의 귀에 익은 영화음악. 아, 그래 이 음악이야. 아련한 추억에 스며들 무렵, 영화는 1950년 중소 국경지대의 전범 수용소에 일군의 수인(囚人)을 태운 열차가 들어오면서 시작된다.

이들 전범 가운데는 청나라 마지막 황제 푸이가 섞여 있다.

중국 청나라의 12대 황제이자 마지막 황제인 선통제 부의(溥儀)**8**는 1906년 청나라 11대 황제였던 광서제의 이복동생 순친왕(醇親王, 1883~1951)의 맏아들로 태어난다. 그러니까 광서제(光緒帝)는 푸이의 큰아버지, 서태후(西太后)는 푸이의 큰할머니가 되는 셈이다.

큰아버지인 광서제가 후사를 남기지 못하고 죽자 서태후는 푸이를 다음 황제로 지명한다. 1908년 당시 푸이의 나이는 3살에 불과했다. 영화는 푸이의 회상을 따라 수용소와 자금성을 반복적으로 오간다. 야심한 시간에 아버지와 함께 입궁 명령을 받고 긴박하게 자금성으로 향하는 상황에서 천진난만하게 웃고 있는 어린 푸이의 모습은 앞으로 닥칠 그의 운명만큼이나 기묘해 보인다.

광서제 승하 후 서태후가 곧이어 사망하면서 어린 나이에 황제에 등극한 푸이를 보좌하기 위해 순친왕의 섭정이 이어진다. 하지만 기울어 가던 청나라는 결국 1911년 신해혁명으로 무너지고 실권자가 된 위안스카이의 압력으로 선통제 푸이는 황제 승위 3년 만인 1912년 2월 12일에 공식 폐위되고 만다. 위안스카이는 푸이와 황실을 죽이는 대신 상징적인 존재로 살려 두기로 결심한다. 이때부터 푸이의 이름뿐인 '가짜 황제'의 삶이 시작된다.

또 다른 '마지막 황제' 위안스카이

우리에게는 원세개(袁世凱)[9]라는 이름으로 더 친숙한 위안스카이에게는 여러 가지 타이틀이 따라붙는다. 북양군벌의 수장, 중화민국 북양 정부의 초대 총통 그리고 중화제국의 처음이자 마지막 황제. 여기서 잠깐. 우리는 지금까지 푸이를 Last Emperor, 그러니까 중국의 마지막 황제로 알고 있었는데 잘못 알고 있었던 것일까?

먼저 청나라의 영국인 고문이자 선통제의 스승으로 영화 〈마지막 황제〉에서 피터 오툴이 연기했던 레지널드 존스턴의 위안스카이에 대한 인물평부터 살펴보자.

"1898년에는 황제를 배신했고, 1911년에는 제국을 배신했으며, 1915년에는 공화국을 배신한 중국 역사상 최악의 배신자."

한마디로 배신의 아이콘이라는 혹평이다. 하지만 이 한 문장에는 위안스카이의 파란만장한 일생이 다 녹아 있다. 먼저 황제를 배신했다는 것은 1898년 광서제와 캉유웨이가 주도하는 변법자강운동을 서태후에게 밀고해 일러바친 것을 두고 이르는 것이다. 결국 위안스카이의 배신으로 변법개혁은 물거품이 되고 말았다. 이후 그는 서태후의 총애를 등에 업고 승승장구한다. 하지만 서태후 사후 푸이의 섭정을 맡은 순친왕은 위안스카이를 신뢰하지 않았다. 오히려 그의 배신을 우려해 파직한다.

1911년 신해혁명이 일어나자 위안스카이는 청조의 요청으로 다시 내각총리대신에 기용된다. 이유는 혁명군의 북상을 위안스카이의 북양군벌을 이용해 막기 위함이었다. 위안스카이와의 충돌이 결국 내전으로 치달을 것을 우려한 쑨원(손문)은 청조(淸朝)를 내쫓고 공화국을 세운다는 조건으로 대총통 자리를 그에게 양보한다.

기회주의자 위안스카이의 누워서 떡 먹기 기행은 이번에도 먹혀들었다. 위안스카이는 군대를 자금성에 주둔시키고 융유태후(隆裕太后)를 압박해 이듬해 1912년 2월 12일 선통제의 퇴위를 선언함으로써 청나라는 멸망하고 중화민국이 탄생하게 된다. 하지만 얼마 가지 않아 그의 야수와 같은 본성은 곧바로 드러난다. 독재를 강화하고 공민단이라는 일종의 정치 깡패 집단을 사주해 수시로 의회와 국민당을 겁박했다. 이것이 두 번째 배신이다. 그리고 1914년 1월 10일에는 결국 중화민국 국회를 해산하고 같은 해 5월 1일에는 중화민국 신약법을 발의해 종신 임기를 보장받는다.

그의 마지막 꿈은 이제 황제가 되는 것이었다. 결국 1915년 12월 11일 그는 중화제국을 선포하고 연호를 홍헌(洪憲)으로 정해 초대 황제에 오른다. 이것이 존스턴이 말한 세 번째 배신, 즉 공화국에 대한 배신이다.

그의 제국은 불과 3개월 만인 1916년 3월 22일 막을 내리면서 (홍헌제제를 취소하고 다시 공화국으로 복귀했다) 한낱 해프닝으로 끝났지만, 그 후폭풍은 작지 않았다. 그의 지도력은 이미 흔들리기 시작했고 군벌들의 이탈도 본격화됐다. 이에 실망한 위안스카이는 울분과 분노 속에 총통 자리에서 물러나겠다는 유언을 남긴 후 1916년 6월 6일 요독증이 악화가 되면서 사망한다.

비록 단기 제국이었지만 위안스카이가 중화제국를 세우고 스스로 황제라 칭했기 때문에 그를 중국 역사상 최후의 군주로 봐야 한다는 주장도 있다. 하지만 이후 장훈복벽(張勳復辟)[10]을 통해 선통제가 다시 복귀한다는 점을 고려하면 여전히 마지막 황제 타이틀은 선통제가 유지하는 것이 옳다고 여겨진다.

일본의 꼭두각시로 전락한 푸이

◇◇◇◇◇◇◇◇◇

1924년 군벌의 핍궁 사건으로 자금성에 쫓겨난 푸이는 1925년 2월 25일 톈진의 일본 공사관으로 처소를 옮긴다. 그리고 1931년 9월 만주사변 이후 일본이 푸이를 옹립해 만주에 괴뢰국을 세우려하자 장제스의 국민정부는 푸이를 다시 자금성에 살게 해주겠다고 제의하지만, 푸이는 이를 단호하게 거절한다.

푸이가 제안을 거절한 이유는 청 황실의 묘가 국민정부의 방관 아래 도굴됐다는 소문을 들었기 때문이다. 죽은 서태후의 입에 물려 있던 진주가 뽑혀 나가고[11] 유해가 잔인하게 훼손된 사실에 푸이는 크게 분노했다. 특히 서태후의 입에서 나온 진주가 장제스 부인의 신발에 장식용으로 매달려 있다는 소문을 들은 푸이는 대성통곡했다고 전해진다. 물론 만주국 괴뢰가 된 자신을 변명하는 과정에 만들어 낸 이야기일 수도 있지만 이 사건은 푸이가 일본에 급속도로 가까워지는 계기가 됐다.

1931년 만주사변 이후 푸이가 일본의 괴뢰국인 만주국의 우두머리로서 부역하고 더 나아가 자발적 친일행위를 했다는 역사적 증거는 적지 않다. 푸이를 일방적인 피해자로 볼 수 없는 이유이기도 하다.

제2차 세계대전이 막바지에 접어들고 소련이 일본에 선전포고를 하자 푸이는 만주 탈출을 서두른다. 하지만 비행기가 이륙하기 직전 소련군에게 체포되면서 한순간에 황제 신분에서 감옥에 갇히는 전범 신세가 된다.

소련의 수용소에서 푸이는 나름 황제 신분에 맞는 예우를 받았다. 푸이의 감방에는 라디오를 비롯한 편의 시설이 따로 마련돼 있었고 다른 수감자들이 노역을 할 때에도 푸이는 간수들과 잡담을 나누거나 산책을 즐겼다. 푸이는 중국으로 소환되는 것을 극도로 두려

위했다. 특히 1949년 중국이 공산화되면서 그의 공포심은 더욱 짙어졌는데, 푸이는 스탈린에게 따로 편지를 써서 중국 송환만은 막아 달라고 간청하기도 했다. 물론 그의 바람은 이뤄지지 않았다.

1946년 8월 16일 극동국제군사재판에 증인으로 출석해 만주국 시절의 부역 행위에 대해 증언한 후 1950년 푸이는 중화인민공화국으로 송환된다. 중소 국경지대의 전범 수용소에 죄수들을 태운 열차가 들어오는 영화 〈마지막 황제〉의 첫 장면은 바로 이때의 상황을 재현한 것이다.

중국에서의 수감생활은 우려했던 특별한 위협은 없었지만, 특별한 혜택도 주어지지 않았다. 전범 수용소에 수감된 푸이는 사회주의 정신 개조에 따라 모든 것을 처음부터 새로 배워야 했다. 밑구멍까지 자신의 손으로 닦아 본 적이 없는 황제가 이제는 바느질을 배우고 더러운 바닥을 걸레로 닦고 쓸어야 했다. 영화 〈마지막 황제〉의 배경이 된 푸이의 자서전 『나의 전반생(我的前半生)』에는 이때의 일화가 자세히 소개돼 있는데, 특히 "내가 스스로 구두끈을 맬 줄 모른다는 사실을 처음으로 깨달았다"라는 대목은 인생 반전의 허망함을 느끼게 한다.

문화대혁명 시기 푸이는 광란의 소동을 피해 비교적 안정적인 생활을 한 것으로 전해진다. 이는 마오 주석의 특별한 지시에 따른 것으로 중국 공산당의 포용성과 대범함을 과시하기 위해 선전의 도구로 이용된 측면이 있다. 푸이는 사망하기 5년 전인 1962년 56세의 나이에 중국 정부의 소개로 18살 어린 리수셴이라는 여성과 결혼한다.

그러나 인생 말년에 얻은 안정도 오래가지는 못했다. 1967년 10월 17일 갑작스러운 혼수상태에 빠진 그는 다시 일어나지 못했다. 향년 61세였다. 푸이는 죽은 이후에도 편히 쉬지 못했다. 문화대혁명의 영향으로 중국 전역이 극도로 혼란한 상황이어서 푸이의 시신을 제대로 매장할 수도 없었다. 푸이의 시신은 납골당과 공동묘지를 떠돌다가 1995년이 되어서야 청나라 황실의 무덤으로 돌아올 수 있었다.

영화 〈마지막 황제〉의 마지막 장면은 다시 자금성이다. 이젠 어느덧 머리에 하얗게 서리가 내린 초로의 푸이가 어린 소년에게 "내가 중국의 황제였단다"라고 말하며 희미하게 웃는 장면에서 영화는 막을 내린다.

푸이에 대한 평가에는 그가 시대를 잘못 만난 비운의 황제라는 동정론도 있지만, 무능하고 게으르며 더 나아가 부역을 일삼은 매국노에 불과하다는 극단적인 악평도 존재한다.

전자에 동의하는 사람들은 천진난만한 푸이의 어린 시절과 선량하고 섬세한 푸이의 얼굴을 떠올리겠지만, 후자에 동의하는 사람은 우유부단하며 살기 위해 발버둥 치는 비루하고 평범한 한 인간의 모습을 떠올릴 것이다. 어쩌면 두 얼굴 모두 마지막 황제 푸이의 모

습일지 모른다. 그 어떤 모습이 됐든 그의 얼굴에는 중국 현대사의
아픔과 함께 권력의 무상함이 진하게 묻어 있다.

　장예모 감독의 영화 〈인생〉의 그림자 연극처럼.

10

니콜라이 2세
NICHOLAS II
(1868~1918)

러시아의 차르(군주) 니콜라이 2세는 선량한 남편이자 자상한 아버지였다. 실제로 니콜라이 2세의 초상화를 보면 근엄한 군주라는 인상보다는 선한 신사의 느낌이 먼저 든다.

하지만 군주로서의 니콜라이 2세는 무능하고 무책임했다. 영국의 찰스 1세와 프랑스의 루이 16세도 그러했다. 더더욱 기묘한 역사적 공통점은 찰스 1세, 루이 16세 그리고 니콜라이 2세 모두 국민으로부터 존경받지 못하는 황후를 두었고 더 나아가 지나치다 싶을 정도로 황후의 간섭을 받아들였다는 사실이다. 행여 오해가 있을까 첨언하건데, 몰락의 원인을 황후에게 돌리려 함이 아니다. 공사를 구분하지 못하고 내정에 간섭하는 아내와 이를 말리지 못하는 못난 남편 모두에게 책임이 있다는 점을 강조하는 것이다.

군주의 무능은 한 가문이나 왕가의 종말로 끝나는 것이 아니라, 수많은 무고한 백성들의 피를 요구했다는 점에서 이들의 무능은 용

니콜라이 2세

서받지 못할 무능이다.

폭군(暴君)보다 혼군(昏君)이 때론 더 위험할 수 있다는 사실을 니콜라스 2세가 증명하고 있다.

니콜라이 2세는 1894년 아버지 알렉산드르 3세가 갑자기 사망하면서 제위에 올랐다. 그의 즉위식 날 기념품과 선물을 받기 위해 수많은 인파가 몰리면서 행사장은 일대 아수라장이 됐는데, 이때 무려 1,389명이 압사하는 불상사가 발생한다. '호딘카의 비극'이라고 알려진 이 사건을 두고 호사가들은 왕조의 불길한 운명을 예고한 것이라고 말했다는데, 그의 비극적인 결말을 생각한다면 좋은 출발이 아닌 것은 분명하다.

러시아 국민은 젊은 군주의 출현에 커다란 기대감을 감추지 않았다. 자유주의자들은 개혁을 강조하며 앞다퉈 새로운 황제에게 입헌과 개혁에 대한 청원서를 올리지만 번번이 거절당한다.

1890년대부터 본격화된 러시아의 자본주의적 분위기는 모스크바와 페테르부르크, 오데사 등의 대도시에 근대적 프롤레타리아 계급을 육성했다. 차리즘(러시아의 전제군주제)은 이제 해방을 갈망하는 농노와 이에 동조하며 개혁을 요구하는 인텔리겐차 그리고 여기에 프롤레타리아 계급이라는 새로운 적을 상대해야만 했다. 때마침 1900년에서 1903년에 걸쳐 러시아는 대규모 공황에 빠져 많은 공장들이 폐쇄되고 수십만의 실업자는 거리로 내몰렸다. 1902년 로

스토프에서 철도 노동자들의 파업을 시작으로 1903년에는 바쿠, 티플리스, 오데사, 키예프 등에서도 대규모 파업과 시위가 발생해 혁명적 분위기는 러시아 전국을 휩쓸었다. 도시의 스트라이크에 자극을 받은 농촌에서도 크고 작은 봉기가 일어나고 학생들도 이에 적극 가담했다.

차리즘은 이들 민중의 목소리에 군대와 코사크 기병, 경찰력을 동원해 가차 없는 탄압에 나섰다.

타오르는 혁명의 기운

◇◇◇◇◇◇◇◇

러일전쟁으로 민생이 극도로 피폐해진 가운데, 1905년 1월 22일 상트페테르부르크에서 춥고 배고픈 민중들이 황제의 초상화를 앞세우고 행진을 시작했다. 이들은 국가(國歌)인 '신이여, 차르를 보호하소서'를 합창하며 황궁 앞에 운집해 황제에게 빵과 자비를 구했다. 시위는 온건하고 평화적이었다. 시위 참가자 그 누구도 어버이 같은 황제가 자신들에게 총을 겨누리라 상상하지 못했다. 하지만 황제의 명령이 떨어지자 황궁 수비대의 발포가 시작됐고, 이어서 코사크 기병대가 돌진하며 군중들을 무참하게 찌르고 짓밟았다. 삭풍이 부는 페테르부르크의 거리는 가련한 러시아 민중들의 피로

물들었다. '피의 일요일'이라 불리는 이 비극적 사건으로 수천 명의 사상자가 발생했다. 러시아 인민들이 차르에게 가지고 있던 외경은 일순간에 증오와 분노로 바뀌었고, 이들에게 차르는 더 이상 '자애로운 어버이'가 아니라 '잔인한 폭군'에 불과했다.

니콜라이에게는 파국을 막을 3번의 결정적인 기회가 있었다. 어리석은 군주는 그 첫 번째 기회를 이렇게 허망하게 놓쳤다. 이때 만약 차르가 백성들의 탄원에 귀를 기울이는 척이라도 했다면, 러시아의 운명은 완전히 다른 길을 갔을지도 모른다.

사태가 걷잡을 수 없는 상황으로 접어들자 니콜라이 2세는 1905년 8월 연설을 통해 헌법의 제정과 의회인 두마의 설치를 약속한다.

동요는 군 내부에서도 예외가 아니었다. 1905년 5월 15일 러시아의 자존심이라 불리는 발틱함대는 일본의 도고함대에 무참히 패배했다. 러시아의 패배는 예고된 참사였다. 발틱함대는 당시로서는 세계 최다인 50여 척의 함정을 보유하고 있었지만, 대부분 낡은 시설이었고 함정 간 속도가 다 제각각이어서 제대로 된 작전을 전개하기가 어려웠다. 반대로 일본 해군은 규모는 작았지만 우수한 성능의 포탄과 전함을 보유하고 있었을 뿐만 아니라, 메이지 유신 이후 집중적으로 육성된 세계 최강 수준이었다. 쓰시마 해전이라 불리는 이 전투에서 러시아 발틱함대는 38척의 함선 가운데 19척이 격침되고 7척이 나포됐으며 5,000명 이상이 전사하고 6,000명 이상이 포로 신세가 됐다. 글자 그대로 치욕적인 참패였고 사실상 러일전쟁의 승패를 가르는 분기점이 됐다.

그리고 1905년 6월에는 흑해함대의 전함 포템킨에서 반란이 발생해 흑해함대 전체가 와해 위기에 봉착하기도 한다. 포템킨 호의 반란은 수병과 장교 사이의 사소한 다툼에서 시작됐지만, 이는 엄연한 군기 문란으로 혁명의 기운이 일반 대중을 넘어 군으로 확산이 되고 있다는 명확한 신호였다. 1925년 소련의 세르게이 에이젠슈타인은 이날의 사건을 〈전함 포템킨〉이란 이름의 영상으로 재현했는데, 특히 오데사 계단의 장면은 몽타주 기법을 통해 시민들을 무자비하게 진압하는 군인들의 학살을 리얼하게 묘사해 영화사에 길이 남을 명장면으로 남아 있다.

차르의 고민은 국내에만 한정된 것은 아니었다. 러시아 제국은 신흥 독일 제국에 압박을 느끼기 시작했다. 나폴레옹의 타도와 빈 회의에서 주도적인 역할을 점했던 러시아는 19세기를 통하여 유럽 무대의 중심까지는 아니지만 나름의 역할을 하며 제국의 자존심을 지키고 있었다. 그런데 1871년 통일 이래 독일 제국의 비약적 발전은 사태를 근본적으로 변화시켰다. 독일의 급속한 성장에 가장 큰 위협을 받은 나라는 프랑스였지만 러시아 제국도 역시 적지 않은 압력을 느꼈다. 러시아는 물리적 법칙에 따라 프랑스에 접근했고, 1890년대부터 러시아와 프랑스의 강력한 동맹이 시작됐다.

이런 배경에서 발생한 것이 바로 세계 제1차 세계대전이다. 사라예보 사건으로 오스트리아-헝가리 제국이 사건의 배후로 지목된 세르비아를 공격하자 니콜라이 2세는 같은 슬라브 형제국인 세르비아를 지원하기 위해 러시아에 총동원령을 내려 참전한다.

여기에 오스트리아-헝가리 제국의 동맹인 독일이 뛰어들면서 세르비아 사건은 세계대전으로 확산한다. 그리고 러시아의 1차 세계대전의 참전은 로마노프 왕조의 몰락을 재촉하는 결정적인 계기가 된다.

로마노프 황실을 쥐고 흔들던 요승 라스푸틴조차 참전을 말렸지만, 차르의 고집을 꺾을 수는 없었다. 이것이 두 번째 기회를 놓친 니콜라이 2세의 패착이고, 라스푸틴이 조국 러시아를 위해 남긴 유일한 조언이다.

러시아 몰락의 공범, 라스푸틴

◇◇◇◇◇◇◇◇

이미 잘 알려진 바와 같이 로마노프 왕조의 몰락 배경에는 라스푸틴이라는 괴물이 있다. 라스푸틴에 대한 새로운 평가들도 있는 것이 사실이지만, 기존의 부정적 평가를 뒤집기에는 아무래도 역부족이다. 라스푸틴은 방탕했고 부패했으며 러시아판 국정농단의 원조에 해당하는 인물이라는 사실에는 변함이 없다. 시베리아 출신의 평범한 농부였던 라스푸틴은 원인을 알 수 없는 심한 병을 앓고

난 후 러시아 전국을 순회하며 사이비 교주와 같은 기행을 일삼았는데, 이 와중에 엄청난 신통력을 가진 사람으로 알려져 그 소문이 황실에까지 흘러 들어간 것으로 보인다. 결국 라스푸틴은 혈우병을 앓던 황태자에게 기묘한 최면술을 발휘하여 알렉산드라 황후가 자신을 '신과 같은 존재'로 굳게 믿게 만드는 데 성공했다. 이후 라스푸틴의 국정농단은 본격화됐다.

실제로 라스푸틴은 황후를 통해 자기의 친구를 대주교로 만들거나 정부 관료 임명과 구성에도 참여했고, 심지어 전쟁 참전 여부와 병력의 이동 및 전략에까지 관여했다.

1916년 황후가 니콜라이 2세에게 보낸 편지에는 "신과 같은 그분(라스푸틴)에 대한 반역자가 되어 버린 니콜라이 대공(1856~1929, 니콜라이 2세의 사촌 형제)과 같은 사람은 신의 축복을 받을 수 없다는 사실을 아시겠죠?"라고 쓰고 있다. 한마디로 라스푸틴의 눈에서 벗어난 니콜라이 대공을 자르라는 이야기다. 그것도 한창 전쟁이 진행 중인 상황에서 지휘관을 경질하라는 것이다. 실제로 2개월 후 니콜라이 대공은 군사령관 직에서 박탈당했다.

당시 러시아 제국은 러일전쟁(1904)의 패배와 연이은 제1차 세계대전의 발발, 갈수록 거세지는 혁명의 기운 등으로 인해 쇠락의 길로 치닫고 있었다. 제국의 운명을 가를 중차대한 시기에 각료들마저 무능했고 또 놀라우리만치 빈번하게 교체가 됐다.

2월 혁명이 일어나기 전까지 불과 2년 동안에 수상이 4번, 내무상이 6번, 국방상이 4번, 농업상이 4번 바뀌었다. 전쟁과 첨예한 국내적 위기가 심화되는 와중에 이와 같이 각료들이 잇달아 교체됨으로써 황후와 라스푸틴의 간섭이 정부 기관의 정상적인 운용을 방해하는 결과를 낳았던 것이다. 물론 라스푸틴 개인의 타락을 지나치게 강조해서는 안 된다. 하지만 라스푸틴과 황후의 국정농단은 당시 러시아 사회의 극심한 부패의 상징인 동시에 재정 러시아의 몰락을 재촉한 중요한 요인인 것은 의문의 여지가 없다. 1997년 20세기 폭스사가 만든 애니메이션 〈아나스타샤〉에서 라스푸틴은 무시무시한 마법사로 등장하는데, 그의 죽음을 둘러싼 이야기는 많은 영화와 다큐멘터리의 소재가 되기도 했다. 지금도 러시아 상트페테스부르크에 가면 라스푸틴이 암살당한 장소가 그대로 재현돼 있어 관광객들의 발길이 이어지고 있다.

러시아 제국의 특수성

◇◇◇◇◇◇◇◇

여기서 러시아 제국이 여타 다른 서양 제국에 비해 특이한 점 두 가지를 짚고 넘어가야 할 것 같다. 첫째는 러시아 제국의 운영 방식이 일종의 '가족국가'에 가깝다는 것이다. 실제로 러시아의 신민들은 황제를 '어버이'라고 생각하며 차르의 인애(仁愛)에 절대적인 신뢰를 주는 기운이 뿌리 깊었다. 이들은 차리즘의 악정은 모두 측근들의 농단과 간신배의 잘못된 조언 때문이며 차르와 인민 간의 장벽을 없앤다면 러시아는 이상 국가가 될 수 있다고 굳게 믿고 있었다. 물론 이런 믿음은 배신의 칼날이 되어 제국을 무너뜨리는 계기가 됐지만, 아이러니하게도 이런 가족주의적인 통치자와 신민 간의 관계는 현대 러시아에서도 이어지고 있다. 러시아인들은 푸틴 대통령을 지도자 이전에 카리스마 넘치는 가장(家長)으로 여기는 경향이 있다. 그를 '21세기 차르'라고 부르는 이유이기도 하다.

둘째는 러시아 제국이 대지주 귀족과 농노라는 단순한 사회 구성 속에서 서유럽의 제3계급에 상당하는 부르주아 계층이 성장할 수 없었다는 점이다. 부르주아의 결여가 서유럽형의 부르주아 혁명을 불가능하게 했다는 점은 두말할 나위가 없다. 특히 늦게까지 유지된 러시아의 농노제는 산업화의 발목을 잡는 주요 요인이었다.

1900년 러시아 제국의 인구는 1억 2천 6백만 명으로 영국의 4천만 명, 프랑스의 3천 9백만 명은 물론이고 독일의 5천 6백만을 훨씬 능가하고 있었다. 문제는 그 절대다수의 인구가 산업 노동자가 아니라 극도로 가난한 농노 출신의 농민들이었다는 점이다. 뒤늦게 싹튼 자본주의도 외국자본, 특히 프랑스와 영국, 벨기에 등의 자본에 대한 의존도가 높아서 자본주의의 싹이 자랄 수 있는 튼튼한 토양을 마련하지 못했다.

러시아 극동 정책의 동맥인 시베리아 철도 개발도 전적으로 프랑스 자본에 의존할 정도였다. 레닌은 이런 러시아의 정치적 경제적 토양을 배경으로 혁명의 제1단계로 노동자와 농민의 동맹에 의한 차리즘 타도를, 제2단계로 프롤레타리아 독재에 의한 사회주의 혁명을 기도했던 것이다. 그리고 이것이 1894년 레닌이 『인민의 벗이란 무엇인가』에서 전개한 러시아 혁명의 골자이기도 하다.

차르의 최후

1918년 7월 16일 새벽 2시. 볼셰비키의 보안요원이 취침 중인 니콜라스 2세와 그의 가족을 깨웠다. 그리고 황실 가족과 시종들을 지하실에 모이게 한 후 "니콜라이 알렉산드로 로마노프 씨, 반혁명 세력이 당신을 구출하려다 실패했소. 그리고 우랄 노동자 소비에트는 당신 일가에게 사형을 선고했소"라는 말과 함께 바로 총을 꺼내 난사했다. 벽이 온통 벌집이 될 정도의 무차별 난사로 니콜라이 2세와 그의 가족들은 현장에서 즉사했다. 이로써 200년 넘게 유지돼 온 로마노프 황실은 막을 내렸다.

이때의 사건을 두고 후일에 온갖 소문이 돌았다. 개중에는 사실인 것도 일부 있지만 대부분은 소설처럼 부풀려진 것들이다. 예를 들면, 공주들의 코르셋에 값비싼 보석들이 숨겨져 있었다거나 몸에 두르고 있던 값비싼 장신구들 때문에 총알이 빗나가는 바람에 공주 1명이 살아났으며 공주와 황실 가족을 동정한 볼셰비키의 도움으로 가까스로 도망쳐 그 공주가 어딘가에 생존해 있다는 이야기 등등 말이다.

물론 한참 시간이 지난 후 구소련 시대에 만들어진 공식 문서에는 신빙성을 더해 주는 구체적인 증언들도 있다. 예를 들어 니콜라이 2세의 처형에 실제로 참여했던 표트르 예르마코프라는 남자는 자신이 황실 가족의 시신을 묻을 때 그때까지 목숨이 붙어 있던 공주 1명이 소리를 질러 개머리판으로 내리쳐 죽였다고 증언했다. 아마도 이 내용을 바탕으로 공주 중 한 명이 살아나 도망쳐 생존해 있다는 소문이 난 것으로 보인다. 하지만 예르마코프는 황실 가족 모두가 확실히 사망했으며 자신이 직접 시신들의 옷을 벗긴 후 기름을 붓고 불태워 대충 묻었다고 말했다.

총살당한 후 암매장됐던 시신들은 나중에 발견됐다. 하지만 훼손 정도가 심해 최종 진위 여부를 가늠하기 어려웠는데 1998년 발전된 포렌식의 도움을 받아 DNA 검사를 거친 후에야 최종 확인을 할 수 있었다. 비참하게 방치된 황실의 유해는 사후 80년 만인 1998년 7월 17일 선대 황제들이 안장된 상트페테르부르크의 페트로파블롭스크 요새의 성당에 안치될 수 있었다. 2000년 러시아 정교회는 니콜라스 2세와 그의 가족들을 '황실 수난자'로 인정했고, 2008년 러시아 대법원은 "황제와 그의 가족들이 정치적 탄압에 희생되었다"라는 판결을 내려 정치적 복권을 허용했다.

아, 이쯤에서 니콜라이 2세가 놓친 마지막 세 번째 선택에 대해
밝혀야 할 것 같다.

혁명 이후 볼셰비키에 감금돼 있던 니콜라이 2세에게 사촌 형제
였던 영국의 조지 5세가 비밀 탈출을 제안했을 때, 그는 단호하게
거절했다고 한다. 어쩌면 비극적인 죽음만은 피할 수 있었을지도
모를 이 마지막 제안을 그는 왜 거절했을까.

이유는 두 가지였다. 하나는 가족들을 두고 혼자만 탈출할 수 없
다는 것이었고, 두 번째는 백군이 볼셰비키를 제압하고 로마노프
황실을 복원할 수 있다는 마지막 희망 때문이었다.

니콜라이 2세의 가족에 대한 헌신적인 사랑이 한편으론 감동적
이지만 그 사랑의 백만분의 일이라도 자신을 어버이로 모시던 러시
아 백성들에게 향했다면, 그의 운명도, 그리고 그의 꺼져 가는 제국
의 운명도 바뀔 수 있었을지 모른다.

11

팔라비 2세
MOHAMMAD REZA PAHLAVI
(1919~1980)

이란은 고대 찬란한 문명을 이룩한 페르시아 제국의 후예이다. 그리고 키루스, 다리우스, 크세르크세스 등은 영광을 구가했던 고대 페르시아 제국의 통치자들이다. 오늘날 우리는 다리우스가 마라톤 전투에서 패하고, 크세르크세스는 살라미스 해전[12]에서 격파당했다고 배웠지만 정작 그리스가 에게해에서 패배한 사실은 짐짓 잊고 있다. 편향된 서구 중심적 역사 교육이 낳은 결과이다.

특히 영화 〈300〉에서 보여 주는 혐오스럽고 기괴하기까지 한 페르시아인의 모습은 극단적인 오리엔탈리즘의 전형이 아닐 수 없다.

페르시아 제국의 원조인 아케메네스왕조는 마케도니아의 알렉산더 대왕에 의해 정복당했지만, 사실 알렉산더는 키루스를 모방하여 그의 후계자가 되기를 자처함으로써 페르시아를 '정복'한 동시에 '계승'했다고 보는 것이 정당한 평가일 것이다.

피정복자가 정복자를 매료시키는 이 기묘한 사례는 652년 아랍의 침략을 받은 이후에도 여전히 유효했다. 바그다드의 칼리프는 페르시아의 문화를 존중하고 배우기를 갈망했다. 페르시아인을 모방한 아랍인이 없었다면 아랍문화를 모방하고 동경한 유럽의 르네상스 또한 존재하지 않았을지 모른다.

스러져 가는 카자르 왕조의 마지막 왕이었던 아흐메드 샤는 무력한 군주였다. 언제나 목숨을 잃을까 전전긍긍하는 소심한 성격 탓에 그는 외세인 영국의 비호를 원했다. 친영파 인물을 총리에 앉히는 조건으로 영국 정부로부터 정례 보조금을 받았을 뿐 아니라 1919년에는 페르시아 내 영국의 기득권을 인정하는 영국-페르시아 협정에 조인하기도 했다. 협정에는 영국 장교들이 페르시아 국유철도를 건설할 권리를 비롯해, 영국 재무 전문가들이 페르시아 국가 재정을 재편성하는 권리까지 담고 있다. 외교권도 사실상 영국 정부가 주도하던 상황이라 구한말 을사늑약에 버금가는 불평등 조약이라 할 수 있다.

아이러니하지만 카자르 왕조의 대령 출신 군인이었던 레자 칸이 1921년 쿠데타를 일으켜 카자르 왕조를 전복하고 권력을 장악한 것도 영국의 묵인과 지원 아래에서였다.

레자 칸은 1925년 파리에 머물고 있던 아흐메드 샤를 폐하고 레자 샤로 즉위하며 왕이 된다. 팔라비 왕조의 개막이다. 레자 칸이 처음부터 왕정을 도모한 것은 아니었다. 오히려 그는 전임 왕조의 폐해를 지켜보며 튀르키예를 모델로 한 공화정을 꿈꿨지만, 영국의 압력과 국내의 보수적 종교 지도자들의 반대에 부딪혀 결국 왕정을 받아들인 것이다.

당시 이란 내 대규모 석유 채굴권과 개발권을 보유하고 있던 영국의 입장에서는 공화정 하의 이란보다는 왕정 하의 이란이 배후에서 조정하기가 더 수월하다고 판단했던 것이고, 보수적 종교 지도자들이 왕정을 고수한 이유도 비슷한 맥락으로 풀이된다.

레자 샤는 즉위 직후 튀르키예와 프랑스를 모델로 한 본격적인 근대 개혁에 착수한다. 의무교육을 기본으로 하는 공립 교육기관을 설립하고 이제까지 성직자에게 장악되어 종교재판의 냄새를 풍기던 성직자의 사법권도 폐지했다. 그리고 1935년에는 국호도 페르시아에서 이란으로 변경한다. 무엇보다 보수적 성직자들을 경악케 만든 것은 1936년 히잡 금지령이었다.

지금은 상상할 수 없지만, 1970년대 미니스커트를 입고 테헤란 거리를 거니는 여성들의 모습은 이 당시만 해도 전혀 낯선 풍경이 아니었다.

중동의 이슬람 세계에서 이런 세속적 변화는 당혹스러운 것이었다. 특히 시아 성직자들의 반발이 거셌다. 당시 이런 보수적이고 반개혁적 분위기를 고려한다면, 적어도 국내 정치적으로는 레자 샤와 그의 아들 팔라비 2세가 이란의 근대화에 기여한 개혁 군주였다는 점에는 이론의 여지가 없어 보인다.

하지만 레자 샤가 2차 세계대전이 발발하자 독일 나치에 협조하는 실책을 저지름으로써, 전후 이란의 국제적인 입지는 급격하게 흔들리게 된다. 결국 이 사건을 계기로 연합국의 주축이었던 영국과 소련은 레자 샤를 강제 축출하는 데 성공한다. 그리고 레자 샤는 그의 아들 모하메드(팔라비 2세)의 왕위 계승을 조건으로 이집트로 망명한다.

팔라비 2세의 등장과 백색혁명

◇◇◇◇◇◇◇

1942년 레자 샤의 망명 이후 왕위를 계승했을 때 팔라비 2세의 나이는 이미 30대 중반을 넘어서고 있었다. 아버지의 후광에 가려 정치적 경륜이 부족했던 그가 감당하기에는 국내외 여건 또한 녹록지 않았다. 팔라비 2세는 즉위 직후 친서방 외교 노선을 강화하고 서구식 세속국가를 지향하는 백색혁명을 통해 위기를 돌파하려고 했다. 토지개혁과 세속주의 지향, 공교육 보급을 통한 문맹률 감소, 여성 참정권과 교육권 보장 및 히잡 착용 금지 등이 팔라비 2세가 주도한 백색혁명의 주요 내용들이다.

하지만 친서방 정책에 대한 내부적 반발도 만만치 않았다. 특히 당시 민족주의적 성향의 총리였던 모사데크 총리와의 잦은 갈등으로 1953년에는 해외로 추방되는 위기를 겪기도 한다. 하지만 미국 CIA의 개입으로 모사데크 총리의 사회주의 정부를 전복시킨 후 다시 복귀한 팔라비 2세는 이때부터 급격히 노골적인 친미 노선을 걷기 시작한다. 여러 차례의 왕정 전복 위협을 경험한 팔라비 2세는 1957년 악명 높은 비밀경찰 사바크를 창설하고 반체제 인사들을 탄압하면서 점차 개혁 군주로서의 이미지를 상실하게 된다. 토지개혁 과정에서도 성직자와 모스크가 보유한 토지를 강제 수용하면서 종교계와도 마찰을 겪게 되는데 1963년 호메이니가 주도한 대규모 반정부 투쟁은 향후 발생할 정치 변동의 신호탄이었다.

이란 혁명의 발발

◇◇◇◇◇◇◇◇

혁명이 본격적으로 시작된 계기는 1978년 8월 20일 아바단에서 일어난 렉스 극장 화재 사건이었다. 정부에서는 이슬람 근본주의자의 소행이라 주장했지만, 시위대는 비밀경찰 사바크의 계획적인 방화라고 주장했다. 범인은 끝까지 밝혀지지 않았고 전국적인 시위로 확산되는 가운데 군경의 발포가 이어져 대규모 인명 피해가 발생했다. '검은 금요일'이라 불리는 이 사건으로 혁명의 분위기는 더욱 격화됐다.

팔라비 2세

당시 파리에서 망명 중이던 호메이니는 이 기회를 놓치지 않았다. 육성 카세트테이프를 통해 이슬람주의자들의 단결을 호소하며 반 팔라비 왕조의 세력들을 규합하기 시작한다. 다급해진 팔라비 2세는 한편으로는 강경 진압을 멈추지 않으면서도 또 한편으로는 민주적 다당제 도입과 입헌군주제 개헌 등 일련의 유화책을 내놓으며 성난 민심을 달래려 애를 썼다. 하지만 사태는 이미 돌이킬 수 없는 상황으로 치달았다,

군대도 동요하기 시작한다. 샤의 진압 명령을 거부하는 군 지휘부가 늘어났고 아예 혁명 세력에 참가하는 장교와 사병들도 늘어났다. 시위를 진압하러 온 장교에게 어느 한 시민이 꽃을 건네는 한 장의 사진은 당시 혁명의 분위기가 어떠했는지 짐작할 수 있는 매우 상징적인 장면이다.

팔라비 왕조의 붕괴를 더욱 촉진한 또 다른 요인은 영국과 서독 등 서방세계가 이 사태와 관련해 중립을 선언하고 든든한 후원자였던 미국마저 팔라비를 버리기로 작정했다는 것이다.

결국 1979년 1월 16일 팔라비 2세는 퇴위를 선언하고 보름 뒤인 2월 1일 망명 중이던 호메이니가 귀국해 이슬람 혁명위원회를 조직함으로써 이란 혁명은 일단락된다.

그리고 1979년 11월 15일에는 이란 이슬람 공화국 수립이 선포된다.

이란 혁명에 대한 평가는 팔라비 왕조에 대한 평가와 마찬가지로 여전히 현재진행형이다. 우선 혁명의 원인을 제공한 것은 어디까지나 팔라비 자신과 해묵은 전제 왕정이었다는 점은 부인할 수 없다. 혁명 이후 수립된 이란 혁명 정부도 이름만 공화제이지 실질적으로는 종교 지도자가 다스리는 신정 독재에 가깝다는 평가를 받고 있다.

한때 이란 혁명을 열렬히 응원했던 미셸 푸코(Michel Foucault)도 나중에 자신의 지지를 철회하기도 했다. 따라서 전제 왕정에서 이슬람 신정주의로의 전환을 퇴보로 볼 것이냐 아니면 발전으로 볼 것이냐의 논쟁은 현재로서는 무의미해 보인다. 오히려 이란 혁명은 보수적 반동과 근대혁명이라는 양면성이 공존한다고 보는 것이 좀 더 객관적인 평가이다.

이란 출신의 작가 마르잔 사트라피가 자신의 실제 경험을 바탕으로 그린 자전적 만화 『페르세폴리스』에는 혁명 전후의 명암이 객관적으로 잘 그려져 있다.

혁명 전 소녀의 어린 시절은 샤의 독재와 비밀경찰, 공산주의자와 반대파에 대한 탄압으로 얼룩져 있고, 혁명 이후에는 강경 이슬람주의자들에 의해 강제된 히잡 착용과 여성 인권의 추락 그리고 이전과 다를 바 없는 정치적 탄압에 대한 기억들로 채워져 있다. 결국 그녀의 선택은 이란을 떠나는 것이다. 혁명 이전의 그 시절이 마냥 좋았다거나, 혁명 이후의 삶이 개선됐다가 아니라, 두 시절 모두 소녀에게는 아픔으로 기억되는 것이다. 그녀에게도, 이란 민중에게도 아직 봄은 오지 않았음을 의미한다.

이란은 현재 중동지역 시아파의 종주국으로서 하마스와 헤즈볼라를 지원하며 이스라엘과 맞서는 등 국제분쟁의 한가운데에 서 있다. 그리고 지난 2022년 9월 16일 이란은 다시 국제사회의 특별한 조명을 받게 된다. 이번에는 핵 개발 문제나 이스라엘과의 갈등이 아니라 한 여대생의 죽음을 둘러싼 문제 때문이다.

당시 22세의 마흐사 아미니는 히잡을 착용하지 않았다는 이유로 종교경찰에 의해 체포된 후 갑자기 사망했다. 이란 당국은 아미니가 심장마비로 숨졌다고 발표했지만, 그 말을 곧이곧대로 믿는 사람은 아무도 없었다. 박종철 고문치사 사건처럼 "책상을 탁하고 치니, 억하고 죽었다"라는 당시 대한민국 경찰의 발표와 다를 게 하나도 없었다.

결국 아미니의 비극적인 죽음이 알려지면서 전국적인 반정부 시위가 일어난다. 강경 진압이 이어졌고 시위대 18명에게는 사형이 선고됐다. 더욱 놀라운 것은 실제로 일부 사형이 집행돼 국제사회를 경악하게 만들었다는 점이다. 히잡 착용을 오히려 금지하고 여성 인권을 신장했던 팔라비 2세가 다시 소환되고 있는 이유이다.

신이여, 그들의 눈을 뜨게 하소서

◇◇◇◇◇◇◇

1979년 6월 13일 멕시코로 망명한 팔라비 2세는 외신 기자 회견을 연다. 이 자리에서 그는 먼저 자신의 과오를 인정한다.

"나는 급속한 근대화 과정을 추진하는 과정에서 일을 성급하게 처리하는 실수를 범했습니다. 백성들을 힘들게 한 것에 대해 국왕으로서 마음 아프게 생각합니다."

하지만 이후의 발언은 자신과 선대 국왕이 성취한 업적에 할애하고 새로운 권력이 된 이슬람 근본주의에 대한 우려도 나타낸다.

"이슬람 정신에 봉사한다는 것은 남녀공학을 폐지한다거나 여성에게 베일을 쓰라고 강요한다거나 이혼의 자유를 박탈한다거나 하여 여성들을 집 안에 처박아 두는 것과 같은, 그런 것은 단연코 아닙니다. 도리어 그 반대로 그녀들을 해방하고 교육의 기회를 주며 가능한 그들의 존엄을 보장하고 모든 분야에서 남성과 평등한 지위를 주는 것이야말로 이슬람 정신에 봉사하는 길입니다."

그의 마지막 말은 호소가 아니라 기도에 가깝다.

"신이여, 그들로 하여금 눈을 뜨게 하시고 그들 가슴에서 미움을 영원히 사라지게 하소서."

팔라비 2세는 망명 이듬해인 1980년 암 투병 중 사망한다. 그의 딸 레일라도 2001년 영국 런던에서 약물 과다복용으로 사망한다. 팔라비 가(家)의 비극은 여기서 끝나지 않는다. 혁명이 없었다면 왕위를 계승했을 알리 레자가 지난 2011년 44세의 나이에 보스톤의 한 주택에서 극단적 선택을 한 것이다. 샤 왕조의 마지막 왕비 파라 팔라비는 최근까지 미국 메릴랜드 중 포토맥의 작은 아파트에서 혼자 거주하고 있는 것으로 전해진다.

이란은 현재 미국과 이스라엘, 그리고 사우디아라비아라는 세상에서 가장 강한 3명의 적들을 상대로 힘겨운 싸움을 진행 중이다. 그리고 그 싸움의 결말은 아무도 모른다. 팔라비 2세가 파란만장한 삶을 마감하기 전에 조국 이란을 위해 기도한 것처럼, 위대한 페르시아의 후예들은 다시 눈을 뜨고, 그들의 가슴에서 미움과 증오를 몰아낼 수 있을까.

12

라이베리아의
독재자들

2011년 노벨 평화상 수상자는 라이베리아의 대통령 엘렌 존슨 설리프(Ellen Johnson Sirleaf)다. 우리에게는 다소 낯선 이름이지만 그녀는 아프리카 최초의 여성 대통령이자 '철의 여인'이라는 별명을 가진 카리스마 넘치는 정치인이다.

두 차례의 투옥과 두 번의 망명 등 라이베리아 민주화를 위해 싸워 온 투사이면서 세계은행(WB)과 유엔개발프로그램(UNDP) 아프리카 국장을 역임한 화려한 국제적 이력도 자랑하고 있다. 2005년 선거에서 승리, 이듬해인 2006년 아프리카 최초이자 라이베리아 최초의 여성 대통령에 취임했다.

그녀는 지난 2009년 BBC와 가진 인터뷰에서 아프리카의 낙후 원인을 묻는 기자의 질문에 "아프리카는 가난하지 않아요. 다만 엉망으로 관리되고 있을 뿐이죠(Africa is not poor, it's just poorly managed)"라고 답했다. 사실 이 명쾌한 한마디에 아프리카 저개발

성의 모든 원인이 담겨 있다. 엘렌 존슨 설리프가 신명을 다해 지키고자 했던 그녀의 조국 라이베리아도 예외는 아니다.

해방 노예의 후손들이 세운 나라

◇◇◇◇◇◇◇◇

라이베리아라는 나라의 정체성은 라이베리아 국기에 그대로 담겨 있다. 미국 성조기를 모방한 라이베리아의 국기는 사실 그 자체가 라이베리아의 역사다. 라이베리아는 미국의 해방 노예들이 세운 국가이기 때문이다. 국명인 라이베리아도 '리베리아(liberia)', 즉 자유를 의미한다.

영국 작가 그레이엄 그린은 1930년대 라이베리아를 여행하면서 기록한 『지도 없는 여행』에서 "라이베리아의 정치는 마치 야바위 도박판과 같았다"라고 기록하고 있다.

지금도 크게 달라진 것은 없지만, 라이베리아는 1%의 소수가 200만 명에 가까운 다수의 주민을 통치하는 과두정에 가깝다. 문제는 언제나 특정 부족이 권력을 독점하고 있다는 점인데, 이는 비단 라이베리아만의 문제가 아니라 아프리카 대륙 전체가 앓고 있는 만성질환에 가깝다.

라이베리아 건국의 주역은 앞서 미리 힌트를 준 것과 같이 미국에서 노예로 있다가 해방된 후 아프리카 대륙으로 건너온 흑인들, 다시 말해 '아메리코 라이베리안(Americo-Liberian)'이라고 불리는 사람들이다. 아프리카 대륙으로 건너왔다고 말했지만, 엄밀히 말해 선조들의 고향으로 귀환했다고 하는 것이 좀 더 정확한 표현이 될지 모르겠다. 암튼 라이베리아는 아프리카 대륙의 신생국 중 가장 독특한 역사를 가진 나라 가운데 하나임에는 분명하다.

아이러니한 것은, 이들 아메리코 라이베리안들이 본인들도 미국 남동부 지역에서 노예로 일하다 해방된 사람들의 후손이면서도 라이베리아 본토 흑인들을 착취하기에 알맞은 열등한 종족으로 생각하고 취급했다는 점이다.

이들은 자신이 '아프리칸'이 아니라 '아메리칸'이라는 사실에 커다란 자부심을 가지고 있었다. 정장용 모자, 연미복, 남북전쟁 이전의 남부를 연상시키는 석조 건축물 등이 이들이 추구하는 삶의 양식이었다. 윌리엄 톨버트나 찰스 테일러 같은 라이베리아의 악명 높은 독재자들 이름이 한결같이 영미식인 이유도 여기에 있다.

사실상 이들이 그레이엄 그린이 말한 '야바위 도박판'의 딜러 역할을 했던 주역들이다. 핍박받던 자들이 다시 핍박의 주인공이 되는 슬픈 운명은 앞으로 소개할 라이베리아 근대사의 맨얼굴이다.

1960~1970년대 라이베리아 경제는 고무와 철광석 사업에 힘입어 비록 잠시이긴 하지만 반짝 호황을 누린다. 이런 호황을 통해 얻은 경제적인 부는 소수 엘리트 계층의 주머니를 두둑하게 만들었

라이베리아의 독재자들

다. 하지만 절대다수의 빈곤 토착 주민들의 주린 배를 채우지는 못했다. 라이베리아의 현대사를 피로 물들이고 미래의 희망마저 앗아간, 그래서 종국에는 그 자신도 비극적인 최후를 맞이한 세 명의 독재자가 그 배후에 있다.

라이베리아를 피로 물들인 독재자 3인방

◇◇◇◇◇◇◇

윌리엄 톨버트(William Tolbert)는 아메리코 라이베리안 출신의 마지막 대통령이다. 톨버트는 전임 아메리코 라이베리안 지도자들과 다름없이 지독한 정실인사로 악명이 높았다. 정부 주요 요직은 사실상 그의 친인척들로 채워졌는데, 재무장관과 상원의장에 그의 동생들을, 국방부 장관에는 사위를 앉히고 다른 장관과 대사, 대통령 보좌관도 알뜰히 그의 지인들로 채웠다.

정권의 위기는 1979년 라이베리아가 아프리카통일기구 정상회담 주최국으로 선정되자 정부 예산의 절반을 무리하게 투입하면서 시작됐다. 톨버트는 정상회담 준비를 위한 예산을 메꾸기 위해 독단적으로 쌀값 인상을 지시한다. 이에 시민들이 전국에서 항의 시위를 벌이자 결국 발포 명령을 내려 수많은 사상자가 발생하게 되면서 사태는 걷잡을 수 없는 국면으로 접어든다.

이에 분노한 국민들이 톨버트의 퇴진을 요구하고 야당마저 이에 적극 동조하자 톨버트는 이들을 반란 및 선동 혐의로 체포하고 야당을 아예 불법화해 해산시켜 버린다. 훗날 라이베리아 최초의 여성 대통령이자 노벨 평화상 수상자가 되는 엘렌 존슨 설리프도 이당시 톨버트의 학정에 탄압받던 희생자 중 한 명이다.

결국 넘지 말아야 할 선을 넘은 톨버트의 최후는 사필귀정이지만 참혹하기 그지없다.

당시 상황은 마틴 메러디스의 글『아프리카의 운명』에 자세하게 소개돼 있는데, 그 일부를 소개한다. 다만, 다소 불편한 내용이 포함돼 있으니 참고하길 바란다.

1980년 4월 12일 밤, 28세 육군 상사 사무엘 도의 지휘 아래 17명의 군인이 대통령 관저 정문을 넘어 경호대를 제압하고 이층 침실에 있던 톨버트를 찾아냈다. 그들은 그의 머리에 총탄 세 발을 박아 넣고 오른쪽 안구를 뽑아낸 다음 배를 갈랐다. 그리고 톨버트의 관저를 방어하다 죽은 27명의 시신을 공동묘지에 내다 버렸다. 장관과 공무원들이 검거되어 군사법원에서 사형선고를 받았다.

몬로비아 해변에서는 승리감에 도취돼 야유와 조롱을 퍼붓는 수천명의 군중들이 지켜보는 가운데 말뚝에 묶인 13명의 고위 공직자가 만취한 군인들이 퍼붓는 집중 사격을 받아 숨이 끊어졌다. 병사들이 쓰러진 시신을 발로 차고 짓이겨 댔다.[13]

쿠데타를 주도한 사무엘 도(Samuel Doe)는 기존 지배계급이었던 아메리코 라이베리안이 아닌 토착 부족 크란족 출신의 군인이었다. 게다가 그는 당시까지 아프리카에서 발생한 쿠데타에 성공한 군인 가운데 가장 어리고(당시 28세) 또 최하급(상사 출신)의 군인이었다. 그가 속한 크란족은 국경 밀림 지역에서 거주하던 소수 부족으로 라이베리아 사회의 최하층을 형성하며 낙후된 종족이라는 멸시를 받아 왔다.

사무엘 도는 국민을 부패와 억압으로부터 해방시키고 부를 좀 더 공평하게 분배한 후 곧바로 권력을 이양하겠다고 약속했지만, 그의 약속은 지켜지지 않았다. 권력을 장악한 후 그가 가장 먼저 한 일은 인민평의회 의장으로서 헌법과 모든 정치활동을 금지시키고 계엄을 선포한 것이었다. 이쯤 되면 세계적으로 쿠데타로 권력을 장악한 독재자에게는 100% 싱크로에 가까운 두 가지 공통점이 발견된다. 첫째는 국민을 팔아먹는다는 점이고, 둘째는 약속을 지키지 않는다는 점이다.

계엄 선포 이후 수도 몬로비아 거리에는 "택시는 달라진 게 없고 운전기사만 바뀌었다"라는 냉소만이 가득했다. 욕심이 커지기 시작한 사무엘 도는 권력 독점을 위해 쿠데타를 함께한 동지 가운데 50여 명을 색출해 반역자로 낙인찍고 비밀재판에 회부한 뒤 곧바로 처형했다. 이어 언론인, 야당 인사, 학생 지도자 등을 정권 비판 이유로 구금하고 비판적인 신문들도 강제 폐간시켰다. 당연히 정적도 늘어나기 마련이다.

사무엘 도의 주장에 따르면 자신의 집권 기간 중 무려 서른여덟 차례나 쿠데타와 암살 시도가 있었다고 하는데, 허풍일 가능성도 있지만 잔인한 폭정이 불러온 또 다른 쿠데타의 가능성은 아프리카의 정치 상황에서는 오히려 자연스러운 것이었다.

권력을 잡은 독재자의 다음 목표는 돈이다. 이 또한 독재자 매뉴얼의 정석이다. 사무엘 도는 라이베리안 정유회사와 농산물 유통회사 등 국영기업을 통해 부정 이득을 착복했고, 1980년대 이를 통해 그가 챙긴 수익은 3억 달러에 이를 것으로 추정된다. 사무엘 도의 폭정과 피지배 소수 부족에서 지배 민족으로 군림하게 된 크란족에 대한 또 다른 증오가 불타오르기 시작했다. 이제 내전은 피할 수 없는 길로 접어들고 있었다. 21세기 최악의 내전 중 하나로 기록된 라이베리아 내전은 이렇게 점화됐다.

독재자가 오래 버틸 수 있는 이유는 든든한 후원자가 있기 때문이다. 사무엘 도의 든든한 후원자는 미국이었다. 그 이유는 라이베리아 내에 미국의 이권을 보장하는 요소들이 많이 있었기 때문이다. 라이베리아에 있는 로버트필드 비행장은 제2차 세계대전 당시 미군이 공격 거점으로 세운 것으로 냉전 시대에도 전략적으로 중요한 가치가 있었고, 〈미국의 소리〉 방송을 아프리카 전역에 송신하는 송신기지도 라이베리아에 있었다. 무엇보다 미국은 이 '거친 녀

라이베리아의 독재자들

석'을 길들여 미국의 종복으로 삼을 수 있다고 판단한 듯하다. 실제로 도는 미국 그린베레에서 특전 훈련을 받은 경력도 있고, 특히 로널드 레이건 대통령을 존경한다고 틈만 나면 떠벌리고 다니기도 했다.

1980년~1985년 사이에 미국은 노골적인 친미 성향을 보이는 사무엘 도 정권에게 라이베리아 국가 예산의 3분의 1에 해당하는 3억 5천만 달러의 원조금을 제공했다.

1989년 미 국무부가 작성한 보고서에는 "도의 가장 큰 관심사는 자신의 정치적 생존과 신체적인 생존에 있으며 경제회복과 사회적 대의를 이루려는 노력은 게을리했다"라고 기록돼 있다. 미국의 손절 시간이 다가옴을 예고하는 대목이다.

미국이라는 든든한 후원자의 지원이 끊긴 것보다 더 긴박한 위협은 내부에서 시작됐다. 1989년 크리스마스 직전에 반란군 100여 명이 코트디부아르 국경을 넘어 라이베리아 북부로 침입했다. 찰스 테일러(Charles Tayor)가 주도하는 라이베리아국민애국전선(NPFL)에 소속된 군인들이었다. 자, 이제 찰스 테일러라는 희대의 독재자에 주목해야 한다.

찰스 테일러는 1948년 라이베리아 외곽 알링턴에서 아메리코 라이베리안 엘리트 집안에서 태어났다. 테일러는 고등학교 졸업 후 미국으로 유학을 떠나 보스턴 벤틀리 대학에서 경제학을 전공하는 등 나름 엘리트 코스를 밟았다. 대학 졸업 후에는 라이베리아로 귀국해 각종 이권 사업에 손을 대다 1983년 90만 달러를 횡령한 혐의로 기소되자 다시 미국으로 달아난다. 결국 미국 감옥에서 수감 중이던 테일러는 1985년 교도관을 매수해 탈옥에 성공한 후 라이베리아의 고질적인 종족 분쟁을 이용해 정권을 탈취할 계획에 몰두한다. 그리고 이 시기 테일러가 고안한 최악의 발명품이 바로 '소년병'이다.

아프리카 내전에서 소년병이 동원된 것이 물론 라이베리아가 처음은 아니지만 적어도 조직적으로 소년들을 훈련하고 전선에 투입한 것은 라이베리아 내전이 처음이다.

불과 8세에서 14세에 이르는 소년병들은 칼라시니코프 자동소총을 장신구처럼 지니고 다니며 알코올과 마리화나 그리고 속칭 '블루 블루(blue blue)'라고 불리는 싸구려 각성제를 복용하고 미친 듯이 살인을 저질렀다. 테일러의 소년 병사는 다른 부족에게도 영향을 미쳐 라이베리아는 물론 국경 너머 이웃 국가들에서도 우후죽순 생겨나기 시작했다. 소년병에는 당연히 어린 소녀들도 포함된다. 이들은 전선의 총알받이로뿐 아니라 성적 노예로도 이용됐다. 특히 시에라리온 내전에 동원된 소년병들이 자행한 손목이나 발목을 자르는 잔학행위(물론 그들도 이런 잔인한 범죄의 희생자였다)는 너무나 악명이 높아서 향후 전쟁범죄 행위의 주요 사례로 제시될 정도였다.

광기에 사로잡힌 도를 독 안에 든 생쥐처럼 생포한 사람은 테일러의 동료였던 님바 주 출신의 전직 장교 프린스 존슨이다. 당시 체포된 도를 존슨이 심문하고 고문하는 영상이 서부 아프리카에서 날개 돋친 듯이 팔려나갔다고 한다. 영상에는 존슨이 사무엘 도의 귀를 잘라 우걱우걱 씹어먹는 엽기적인 장면도 포함돼 있다. 살해된 도의 시신은 잔인하게 훼손된 채 손수레에 실려 거리 곳곳을 돌면서 사람들 앞에 전시됐다.

1985년 사무엘 도의 사망 이후 도에 의해 추방당했던 아모스 소여를 수반으로 하는 국민 임시정부가 공포되자 테일러는 자신이 대통령에 되지 못한 것에 분노하며 임시정부 참여를 거부한 채 독자적인 정권을 수립한다.

그의 개인 왕국의 이름은 '그레이터 라이베리아(Greater Liveria)'. '더 위대한 라이베리아'라는 뜻인데, 다소 희극적인 느낌마저 든다.

테일러의 욕심은 라이베리아에서 멈춘 것이 아니라 이웃한 나라 시에라리온에까지 뻗친다. 시에라리온에 매장된 어마어마한 양의 다이아몬드에 눈독을 들인 테일러는 1991년 3월 23일 자칭 연합혁명 전선을 구성해 그레이터 라이베리아 국경을 넘어 시에라리온으로 진격한다. 그리고 침공 몇 주 만에 시에라리온 동부 다이아몬드 산지와 여러 도시를 장악하는 데 성공한다. 이제 내전은 시에라리온으로까지 번진다.

시에라리온 대통령 모모는 반군을 막기 위해 나이지리아와 기니에 병력 파병을 요청하면서 내전은 국제전 양상으로 번진다.

찰스 테일러는 시에라리온 내전을 통해 엄청난 부를 축적했다. 전쟁 중 생산된 시에라리온의 다이아몬드 대부분이 밀반출돼 테일러의 손으로 들어왔기 때문이다. 테일러의 수출 품목에는 앞서 언급한 소년병 이외에도 게릴라와 살상용 무기들이 포함돼 있다. 테일러가 판 것은 단순한 상품이 아니라 죽음 그 자체였던 것이다.

테일러를 서부 아프리카 최악의 인물로 꼽는 이유는 그가 아프리카의 내전을 부추기며 이득을 취하는 '악의 축'이었기 때문이다. 국제사회는 라이베리아에 대한 금수조치를 취했고 유엔은 시에라리온 전쟁범죄의 주범으로 테일러를 기소했다.

아프리카에서는 하나의 내전이 끝나면 또 다른 내전으로 이어지고, 한 명의 독재자가 사라지면 약속이나 한 듯 언제나 또 다른 독재자가 찾아온다. 더 나쁜 독재자이거나 덜 나쁜 독재자가 있을 뿐이다.

독재자의 최후는 비참하다고 하지만 아프리카의 경우라면 절반은 맞고 절반은 틀린 이야기다. 안타깝지만 찰스 테일러의 경우는 후자에 해당한다.

서부 아프리카에서 가장 악명 높은 군벌 찰스 테일러는 2003년 내전 도중 국제적인 압력에 떠밀려 권좌에서 밀려났지만, 그 어떤 심판도 받지 않았다. 그의 선배 독재자 윌리엄 톨버트와 사무엘 도가 엽기적인 살인을 당한 것에 비하면 그는 엄청 운이 좋은 사나이다.

　　　　　　　　　　　　　　　라이베리아의 독재자들

오히려 그는 너무나도 당당하게 자신의 퇴임식을 성대하게 개최하는 극도의 뻔뻔함을 보인다. 테일러의 퇴임식에는 이웃 아프리카 국가의 대통령이 초대되고 화려한 복음 성가대도 동원된다.(참고로 그는 기독교 신자이다) 순백의 의상을 입고 벨벳을 씌운 옥좌에 앉은 테일러의 모습은 퇴임하는 지도자가 아니라, 흡사 이제 막 권좌에 오르는 황제의 모습을 닮아 있다. 테일러는 퇴임 연설에서 "나는 희생양이다. 신이 뜻하신다면 나는 다시 돌아올 것이다"라는 말을 남기고 나이지리아행 비행기에 오른다.

하지만 그의 바람과는 달리 테일러의 복귀를 기원하는 이는 아무도 없을 것이다.

신 또한 그러하리라 믿는다.

아프리카의 비극은 엘렌 존슨 설리프의 날카로운 지적처럼 가난한 아프리카에 있지 않다. 아니, 아프리카는 가난한 것이 아니라(Not poor), 엉망으로 관리될(Poorly managed) 뿐이다.

13

사담 후세인
SADDAM HUSSEIN
(1937~2006)

이라크에는 고대 메소포타미아 문명의 젖줄인 유프라테스강과 티그리스강이 가로지른다. 두말할 필요 없이 이라크는 이집트와 더불어 중동의 대표적인 곡창지대이다. 서구 열강이 일찍부터 눈독을 들인 이유는 분명하다. 특히 이라크처럼 비옥한 곡창지대와 더불어 풍부한 석유 자원을 보유한 나라는 서양 열강의 좋은 먹잇감에서 벗어나기 어렵다. 일찍부터 영국과 프랑스는 종이호랑이가 돼버린 오스만제국으로부터 이 지역을 빼앗아 분할통치를 시작했다. 1932년이 되어서야 이라크는 영국의 위임통치에서 벗어나 독립을 얻을 수 있었다.

　사담 후세인은 1937년 4월 28일 바그다드 북부 외곽 티그리트 지방의 한 가난한 농촌 마을에서 유복자로 태어났다.(후일 미군에 쫓기던 후세인은 고향 티그리트 마을의 지하 곡물 창고에 숨어 있다 체포됐다)

　　　　　　　　　　　　　　　　　　　　사담 후세인

사담 후세인은 1차 중동전쟁을 비롯해 반복되는 군사 쿠데타와 정치 혼란을 어린 시절부터 직접 눈으로 보고 자랐다. 1930년대 후반 당시 이라크는 범아랍주의라는 새로운 이념의 강력한 영향을 받고 있었는데, 고등학생이 된 사담도 당시 아랍인들의 우상이었던 나세르의 민족주의에 푹 빠져 있었다.

사담이 19세가 되던 1956년에는 이스라엘이 이집트의 시나이반도를 공격해 제2차 중동전쟁이 발발하면서 친영 성향의 파이잘 2세 국왕에 대한 대규모 반체제 폭동이 전국을 휩쓸고 있었다. 사담 후세인도 이 봉기에 적극적으로 참여한 것으로 전해지는데, 이것이 사담의 첫 번째 공식적인 투쟁 경력으로 기록된다. 그리고 이듬해 1957년에는 바트 사회주의당의 정식 당원이 되면서 본격적인 정치활동을 시작한다.

1958년에는 아랍민족주의에 고무된 자유 장교단에 의해 국왕 파이잘 2세가 살해되면서 이라크 왕정은 무너지고 이라크 공화국이 선포된다. 사담은 이런 정치적 혼란 과정에서 바트당의 행동대원으로 활동하며 정적 암살에 가담하는 등 존재감을 높이며 투옥과 탈옥을 반복하는데, 1960년에는 나세르의 도움으로 이집트로 망명하기도 한다. 사담은 이집트에 체류하는 동안 카이로 법과대학에서 법학을 공부하면서 권토중래의 꿈을 버리지 않았다.

마침내 1963년 2월 8일. 바트당의 쿠데타 성공으로 까심 정권은 막을 내리고 바트 아랍 사회주의 당이 권력을 장악하면서, 사담의 망명 생활도 끝이 난다. 이 와중에 사담의 고향인 티그리트 출신의 인물들이 바트당의 핵심을 차지하면서 사담에게도 절호의 기회가 찾아온다. 사담은 이때부터 바트당 내 민병대를 본격적으로 조직한다. 바트당이 쿠데타를 통해 정권을 장악했지만, 언제든 무력에 의해 전복될 수도 있다는 사실을 그 누구보다 잘 알고 있었기 때문이다.

사담은 권력을 쌓아 가는 과정에 자신의 이복형제들과 조카 등을 민병대와 보안 조직에 심어 충성을 다하도록 했다. 실제로 이들은 사담이 권력을 장악하는 과정에 결정적인 역할을 했고 쿠르드족 학살과 쿠웨이트 침공 과정에서도 중요한 역할을 한 것으로 전해진다. 개인적인 야망과 바트당 내 후원 세력의 힘을 등에 업고 승승장구 출세 가도를 달리던 사담은 1966년에는 바트당 사무부총장에 오른다.

그리고 1968년 사담의 정치적 후원자라고 불리는 아흐마드 하산 알 바르크가 또 한 차례의 쿠데타로 대통령에 오르면서 사담은 평의회 부의장에 오르게 되는데, 당시에도 막후 실세는 사담 후세인이었다는 것은 이미 잘 알려진 사실이다. 이제 사담의 권력 기반은 누구도 넘볼 수 없을 만큼 공고해진 셈이다.

이렇게 다져진 권력을 기반으로 사담은 1972년부터 이라크의 석유를 독점하고 있는 서방 석유회사들의 국유화 작업을 추진하고 민간인 신분으로 육군 중장에 진급하면서 당과 군 모두를 장악하는 명실상부한 실세로 자리 잡는다.

그리고 1979년 7월 16일, 사담의 정치적 후원자이자 이라크 대통령이었던 아흐마드 하산 알 바르크가 사망하면서 마침내 후세인은 이라크 최고 권력자의 자리에 오르게 된다. 이때 그의 공식 직함은 이라크 공화국 대통령과 바트당 사무총장을 아우르는 혁명평의회 의장이었다.

아이러니하게도 같은 해 10월 26일에는 5·16 군사 쿠데타로 혁명평의회 의장에서 나중에는 대통령이 된 박정희가 시해되고 12월에는 12·12 군사 쿠데타로 새로운 군부실세 전두환이 계엄사령관이 되던 시기였다.

바그다드의 도살자

◇◇◇◇◇◇◇

사담 후세인이 '바그다드의 도살자', '중동의 히틀러'라고 불리는 이유는 서방의 편견이 어느 정도 작용한 측면도 있지만 역사적 사실들은 이런 표현들이 과장이 아님을 증명하고 있다. 후세인은 집권하자마자 반역죄로 각료 21명을 처형했다. 여기에는 혁명 동료이자 가장 친한 친구도 포함돼 있었다. 한때는 반역 행위에 대한 경고로 장관들과 보좌관들이 직접 정치범들의 총살을 집행하기도 했다. 이란과의 8년 전쟁에 반대한 측근 장교들은 원인 모를 헬기 추락으로 희생되기도 했다. 후세인의 잔인함을 증명하는 구체적인 자료들이나 증언들은 다 열거하기가 어려울 정도로 많다.

그의 공포정치를 보여 주는 가장 상징적인 장면은 바트당 전체 회의에서 배신자로 의심되는 자를 차례로 호명한 후, 보안요원이 현장에서 끌고 나가는 장면이다. 이때 사담의 얼굴이 클로즈업된다. 시가를 질겅이던 후세인이 매서운 눈으로 당원들을 내려다본다. 고도로 연출된 것이 분명한 이 장면은 이라크 국영 TV를 통해 생중계됐는데, 파랗게 질린 채 끌려 나간 사람들은 현장에서 총살 당한다. 훗날 김정은이 고모부인 장성택을 공개회의 석상에서 끌어내 총살하면서 다시 소환된 이 장면은 가히 공포정치의 끝판왕이라 할 수 있으며 두고두고 후세인의 잔인함을 이야기할 때 회자가 되고 있다. 일부 정신분석학자들은 사담의 이런 냉혹함은 어린 시절 계부로부터 받았던 학대에서 기인한 일종의 피해망상이라고 진단하기도 한다.

아버지의 잔혹한 성격은 그의 장남 우다이 후세인에게로 그대로 이어졌다. 우다이는 아버지의 권력을 등에 업고 이라크에서 살인, 강간, 고문 등 각종 반인권적 범죄를 저질러 국내외에서 원성이 자자한 인물이었다. 1995년 내무장관을 지낸 당숙이며 장인인 이브라힘 하산과 언쟁을 벌이다 권총을 꺼내 발사하는 바람에 엉뚱하게 주변에 있던 여성 6명이 사망하고 말았다. 1994년 이라크 축구협

회장 시절에는 경기 결과에 대한 분풀이로 선수들에게 폭행을 휘둘러 FIFA의 조사를 받기도 했다.

우다이의 폭행과 살인 위협에 두려움을 느낀 두 명의 처남이 요르단으로 망명하기도 했는데, 그들은 바그다드로 돌아오자마자 이유를 알 수 없는 총격전에서 사망하고 말았다. 배후에 우아디가 있다는 소문이 자자했지만 그는 어떤 책임도 지지 않았다.

이란-이라크 전쟁(1980~1988)

◇◇◇◇◇◇◇◇

이란-이라크 전쟁은 사담에게는 커다란 도전이자 위기였다. 1980년 9월 22일부터 1988년 8월 20일까지 무려 8년간 벌어진 이 전쟁에서 양측의 사상자는 군인과 민간인 포함해 50만에서 최대 100만에 이르는 것으로 알려져 있다. 사실상 20세기 마지막 총력전이라 부를 만한 규모다. 특히 2차 세계대전 이후 처음으로 생화학 무기가 사용되면서 대량살상무기의 확산에 대한 국제적 우려를 낳기도 했다.

전쟁의 발발 원인은 표면적으로는 두 나라가 맞대고 있는 국경 갈등 문제로 알려져 있다. 하지만 사실 그 속을 들여다보면 문제는 그렇게 간단하지만은 않다. 이란은 호메이니의 혁명으로 팔라비 왕조가 무너지고 그 어느 때보다 어수선한 시기였지만, 혼란스러운 것은 이란만이 아니었다. 특히 소수 수니파 출신의 사담 후세인을 비롯해 사우디아라비아, 요르단, 쿠웨이트 등 아랍 수니파 왕정국가들은 심란한 마음으로 이란 혁명의 후폭풍을 예의주시하고 있었다.

실제로 이란-이라크 전쟁이 발발하자 사우디아라비아를 비롯한 아랍 왕정국가들은 사담의 이라크를 적극 지원했다. 혁명 세력이 자국으로 뻗치는 것을 막기 위해서는 무엇보다 이란의 힘을 빼놓을 필요가 있었던 것이다. 후세인도 이란 혁명이 자국에 거주하는 쿠르드족이나 다수의 시아파를 자극할 것을 극도로 경계하고 있었다.

이란 혁명 이후 이란군의 전력이 급속도로 약화된 것도 후세인의 참전 유혹을 더 강하게 만든 요인이다. 친미 성향의 팔라비 왕조는 미국으로부터 어마어마한 양의 무기를 사들인 것으로 유명하며 동시에 군사적 지원까지 받아 당시 걸프만에서 최강의 전력을 보유하고 있었지만, 혁명 이후 미국 유학파 장교의 망명과 숙청, 미국의 지원 중단 등으로 이란의 군사력은 급속히 떨어진 상태였다.

전쟁은 1980년 9월 22일 이라크의 선전포고 없는 기습공격으로 시작됐다. 하지만 일방적인 승자 없이 밀고 밀리는 양상을 반복하며 교착상태에 빠진 전쟁은 이후에도 무려 8년을 끌었다.

초반에 밀리는 것처럼 보이던 이란은 중간에 기세를 회복해 이라크 본토까지 밀고 들어와 석유 파이프라인과 항구를 봉쇄하며 후세인 정권 퇴출까지 외친 적이 있는데, 이때 궁지에 몰린 후세인이 이란군에게 독가스를 살포하는 무리수를 두면서 국제적인 비난을 받기도 했다. 하지만 후세인의 화학무기 사용이 이때가 마지막은 아니다.

1987년 종전을 앞두고 이란이 이라크 내 쿠르드족의 독립을 지지하며 이라크 내전을 종용하자, 이에 격분한 후세인이 자신의 사촌이자 측근인 알리 하산 알 마지드, 일명 '케미컬 알리'를 시켜 화학무기로 수천 명의 쿠르드 민간인을 학살하는 만행을 자행한 것이다. 훗날 미국은 이런 후세인의 전력을 바탕으로 이라크 내 화학무기 등 대량살상무기가 있다고 단정하고 침공의 명분으로 삼았다.

죄 없는 민간인 학살에 대한 업보가 결국 자신에게 돌아온 것이다.

초기의 난타전 양상은 전쟁이 장기화하면서 이제 가벼운 잽만 내뻗는 체력전으로 변화했다. 게다가 천문학적으로 늘어나는 전쟁 비용은 이란이나 이라크 모두에게 정권을 무너뜨릴 수 있을 정도의 치명적인 부담감으로 작용했다. 이제 발을 뺄 명분이 필요한 시점이 된 것이다.

걸프전의 숨겨진 진실

◇◇◇◇◇◇◇

후세인의 두 번째 도박은 이웃한 쿠웨이트를 침공한, 이른바 걸프전에서 시작된다. 미국을 비롯한 서방 국가들은 아랍의 맹주를 꿈꾸던 사담 후세인의 일방적인 침략 전쟁으로 규정하지만 사실 그 속내는 그렇게 간단하지 않다.

시계를 돌려 침공 직전인 1989년 6월로 돌아가 보자. 놀랍지만 이때 후세인의 초청을 받은 미국의 경제사절단은 바그다드를 방문하고 있었다.

이란과의 전쟁 중 이라크를 전폭적으로 지지하던 미국이 전후 복구 사업에도 관심을 가질 것이라 믿었기 때문이다. 하지만 후세인의 기대와는 달리 미국은 전쟁 중 지게 된 부채를 해결하기 위해 이라크의 국영 석유산업의 민영화를 제시했다. 당연히 민영화 사업의 이권은 미국이 챙길 속셈이었다. 사담으로서는 쉽게 받아들일 수 없는 과도한 조건이었다. 이때부터 미국의 태도가 급변했다는 것이 중동 전문가들의 공통적인 분석이다. 쿠웨이트의 태도도 문제였다. 이란과의 전쟁 중 혁명의 여파를 우려해 이라크를 발 벗고 나서 지원하던 쿠웨이트가 이라크에 전쟁 비용으로 빌려 준 수십억 달러의 즉각적인 보상을 요구하며 돌변한 것이다. 후세인의 심기를 더욱 불편하게 한 것은 쿠웨이트와 이라크의 국경분쟁 지역에 있던 루마일라 유전에서 쿠웨이트가 이라크의 양해를 구하지 않고 일방적으로 원유를 채굴해 이라크에 막대한 손해를 입힌 것이다.

사람들은 걸프전이 사담의 뜬금없는 쿠웨이트 침공으로 시작됐다고 생각하지만, 그 배경에는 이와 같은 저간의 사정이 있다는 점을 알아야 한다.

　결국 상황이 후세인의 뜻대로 진행되지 않자, 그는 1990년 8월 2일 탱크 350대와 10만 대군을 동원해 쿠웨이트를 침공하고 8월 8일에는 쿠웨이트 합병을 공식 선언한다. UN 안전보장이사회는 곧바로 이라크를 침략국으로 규정하고 1991년 1월 15일까지 철수하라고 경고하지만, 후세인은 이를 무시한다. 결국 1991년 1월 17일 미국을 필두로 하는 34개국의 다국적군이 이라크 본토를 기습공격하면서 쿠웨이트 전쟁이 발발하는데, 바로 이것이 유명한 '사막의 폭풍 작전(Dessert Storm)'이다.

　사막의 폭풍 작전은 이라크의 방공망을 초토화하면서 시작한다. 여기에는 스텔스기와 토마호크 미사일, 패트리어트 요격 미사일 등 당시 미국이 보유한 최첨단 무기들이 총동원된다. 그야말로 미국의 최신 무기 전시장이었다 해도 과언이 아니다.

　우리는 당시 CNN의 피터 아넷(Peter Arnett) 기자가 바그다드 현장에서 전하는 생생한 상황을 집에서 마치 게임 보듯이 즐겼지만 이날 공습으로 이라크 군인과 민간인 수천 명이 사망했다. 그러나 무모한 게임은 오래가지 못했다. 개전 불과 한 달 만인 2월 28일 이라크는 쿠웨이트에서 철수하고 부시는 "쿠웨이트는 해방됐다"라는 성명을 발표함으로써 쿠웨이트 전쟁은 마무리된다. 이라크는 패전으로 미국을 비롯한 서방의 강력한 경제 제재에 직면했고 1,500억 달러에 달하는 천문학적인 배상금도 물게 됐다.

전쟁의 최대 수혜자는 부시 대통령이었다. 승리 선언 이후 부시의 지지율은 무려 89%까지 치솟았다. 콜린 파월 합참의장과 노먼 슈바르츠코프 중부 사령관 등 새로운 '전쟁 영웅'도 만들어졌다. 무엇보다 걸프전의 승리로 미국은 베트남 전쟁의 트라우마로부터 완전히 벗어날 수 있었다.

걸프전을 종전과는 다른 시각으로 들여다볼 필요도 있다. 무모한 후세인이 결정적인 빌미를 제공했지만, 이라크를 공격해서 풍부한 석유가 매장되어 있는 걸프만 지역에 미군의 거점을 구축하겠다는 미국의 오랜 전략적 목표를 생각한다면, 미국이 이라크의 쿠웨이트 침공을 조장했다는 논리도 완전히 무시할 수는 없다.

대량살상무기, 그리고 미국의 이라크 침공

◇◇◇◇◇◇◇◇

2003년 3월 미국은 대량살상무기를 제거한다는 명분으로 이라크를 침공했다. 부시 행정부는 처음에는 2001년 9·11 테러와 사담 후세인의 연관성을 주장했었다. 개전 이틀 뒤 부시 대통령은 이라크 전쟁의 이유를 세 가지로 설명했다.

첫째, 이라크의 대령살상무기를 제거하고, 둘째, 사담 후세인의 테러 지원을 차단하며, 셋째, 이라크 국민을 사담 후세인의 독재로부터 자유롭게 한다는 것이었다.

딕 체니(Dick Cheney) 부통령도 "이라크가 오랫동안 우리를 공격했고 특히 9·11 테러를 주동한 테러리스트의 거점"이라며 호응했다.

하지만 미국과의 주장과는 다르게 사담은 빈 라덴과 별다른 연계점이 없었다. 심지어 빈 라덴은 사담 후세인의 세속적이고 폭력적인 독재를 지극히 혐오했던 것으로 전해진다. 대량살상무기도 사담의 화학무기 사용 경력을 바탕으로 미국의 상상력이 더해져 만들어진 시나리오에 불과하다. 실제로 미국 침공 한 해 전인 2002년 11월, 사담은 유엔 무기 사찰단의 입국을 허락했고 이들은 대량살상무기와 관련된 그 어떤 단서도 찾지 못했다. 부시 대통령이 사찰단의 철수를 인정한 것은 대량살상무기가 없다는 것을 인정해서가 아니라 바그다드에 폭격을 하기 위해서였다.

2006년 더 인디펜던트지(The Independent)의 폭로 기사에 따르면 부시 대통령은 물론 당시 영국의 토니 블레어(Tony Blair) 총리도 이라크 침공 이전에 이미 이라크에 대량살상무기가 없다는 사실을 알고 있었다.[14]

부시의 이라크 침공은 미국 국내적으로는 '위대한 미국'의 부활을 알리는 신호탄으로 작용해 그의 인기를 높이는 데 기여했다. 겉으로는 성공적으로 보이는 전쟁과 사담 후세인의 체포가 이어지면서 2004년 11월에 치러진 미 대선에서 부시는 재선에 성공한다. 아버지 조지 H.W 부시는 걸프전을 통해, 아들 조지 W 부시는 이라크 침공을 통해 톡톡한 반사이익을 얻은 셈이다.

물론 미국이 이라크를 침공한 진짜 이유는 경제적인 것에 있다. 부시 가문과 그의 친구들이 오래전부터 석유산업과 군수 사업에 관여해 왔던 것은 이미 널리 알려진 사실이다. 2004년 3월 부시 행정부는 이라크의 전후 복구 사업에 미국의 업체들이 참여할 것이라고 발표했다. 전형적인 정경유착의 사례가 아닐 수 없다.

크리스찬 베일이 열연했던 영화 〈Vice〉에서도 잘 나타나지만, 당시 부통령이었던 딕 체니의 경우는 더 노골적이다. 딕 체니가 부통령이 되기 전에 몸담았던 핼리버튼은 이라크 재건을 위한 정부 자금을 다른 어느 회사보다 많이 확보했을 뿐만 아니라 관련한 온갖 부정을 저질렀다. 핼리버튼은 체니의 재선을 돕기 위해 공화당에 50만 달러의 자금을 지원했으며, 체니는 핼리버튼에서 매년 15만 달러를 받는 것에 더해 핼리버튼의 스톡옵션을 1,800만 달러어치나 보유하고 있었다.[15]

사담 후세인과 이라크는 미국의 여우 사냥에 미끼로 이용된 토끼에 불과했다. 2002년 1월 29일 부시 대통령은 연두교서에서 이란, 이라크, 북한을 '악의 축(axis of evil)'으로 규정하고 대량살상무기(WMD) 위협을 재차 경고했다. 이제 악마를 제거해야 할 확실한 명분이 하나 더 생긴 것이다.

사담 후세인의 최후

◇◇◇◇◇◇◇

2003년 12월 13일 한국시간으로 오후 3시경 CNN의 긴급뉴스가 타전됐다. CNN 바그다드 특파원은 "현재 바그다드 상공에는 적대적인 사격인지, 축하하는 사격인지는 모르지만 끊임없이 총성이 이어지고 있습니다"라고 보도한다.

바그다드 도심을 가득 메우던 총성의 의미는 이어진 폴 브레머 군정 장관의 이 한마디로 최종 확인이 된다.

"We got him.(그를 잡았습니다)"

여기서 '그'는 당연히 8개월간 미군의 추적을 피해 다니던 사담 후세인을 의미한다. 사담의 체포 소식이 발표된 기자회견장에는 이라크 언론인들의 환호가 이어졌고, 이 방송을 지켜보던 바그다드 시민들은 만세를 외치며 일제히 거리로 뛰쳐나와 환호했다. 이라크 주둔 미군사령관 산체스 중장은 체포된 직후의 사담 후세인의 모습을 담은 영상을 공개했다. 익히 아는 바와 같이 여기에는 너무나 충격적인 장면이 담겨 있다. 수세미처럼 헝클어진 머리의 후세인이 모든 것을 포기한 듯 혀를 내밀고 의사의 구강 검사에 응하는 바로 그 장면 말이다.

당시 체포 작전을 지휘했던 미 4사단의 레이먼드 오디르노 소장은 "후세인은 거미 구멍에 쥐새끼처럼 숨어 있다가 잡혔다"라고 말했다. 쥐새끼. 더 이상의 표현은 없을 듯하다. 후세인이 은신했던 곳은 자신의 고향 티그리트에서 15km 남쪽으로 떨어진 아드와르라는 작은 농가였는데 그가 숨어 있던 지하실은 현지 농민들이 야채 저장용으로 파놓은 것이었다. 한 사람이 간신히 몸을 숨길 정도의 좁은 공간이었지만 구멍에는 환풍기가 설치돼 있었다고 한다. '붉은 여명'이라 이름 붙여진 후세인의 체포 작전은 총알 한 발 쏘지 않을 만큼 순조롭게 진행됐다. 체폭 직후 후세인은 극도로 지친 모습이었고 모든 것을 포기한 듯 협조적이었다.

사담의 사형 집행 과정은 어떠했을까.

2008년 12월 30일 오전 5시. 사담 후세인은 바그다드 미군 특별 기지 내부의 교도소에서 카다미야의 옛 정보부 건물로 인계됐다. 후세인 정권 시절 반체제 인사들을 가두고 고문하던 곳이다. 역사는 참으로 아이러니하다. 이제 그곳 교수대가 그를 기다리고 있는 것이다. 동트기 전인 오전 6시경, 검은 두건으로 얼굴을 가린 3명의 사형 집행인에 이끌려 사담 후세인이 사형장으로 등장한다. 집행관이 사형수에게 씌우는 검은 두건을 건넸지만 사담은 이를 거부한 것으로 전해진다. TV로 공개된 장면은 여기까지다. 이후 집행된 사형과정과 이때 사담이 보여 준 말과 행동에 대해서는 모두 현장에 있던 입회인들의 입을 통해 전해진 것이다.

형장에 입회했던 무와파크 알 루바이에 이라크 국가 안전 보좌관은 CNN과의 인터뷰에서 "후세인은 공포에 얼어붙은 표정이었지만 이례적으로 평온하고 순종적이었다"라고 전했고, 그가 사형 집행 직전 남긴 마지막 말은 "나 없는 이라크는 아무것도 아니다"였다고 한다.[16]

후세인의 사형 집행은 25분가량 소요됐으며 최종 사망을 확인할 때까지 9분 정도 더 매달려 있었다. 최종 사망이 선언되자 일부 입회인들은 싸늘한 시신 주위에서 춤을 추기도 했다.

그의 죽음은 국제사회에서 영원한 동지도, 영원한 적도 없다는 사실을 다시 한번 보여 준다. 독재자 사담 후세인이 남긴 역설적인 교훈이다.

14

풀헨시오 바티스타
FULGENCIO BATISTA Y ZALDIVAR
(1901~1973)

하버드 대학교 국제정치연구소의 자료에 따르면 1900년부터 2006년까지 약 100년 동안 라틴아메리카에서는 총 162번의 군사 쿠데타가 발생했다고 한다. 1년에 1.6회꼴로 발생한 셈인데, 왜 중남미 정치가 불안한지 설명해 주는 데이터이다.

여기서 말하는 '군사 쿠데타'란 정규군에 의한 쿠데타를 의미하는 것으로 준 군사 집단이나 게릴라에 의한 정권 탈취는 모두 제외돼 있다. 이런 부분까지 포함한다면 아마도 162란 숫자 끝에 0을 하나 더 추가해야 할지 모른다.

더 놀라운 것은 162번의 쿠데타 가운데 4분의 1에 해당하는 41회 쿠데타의 배후에는 미국이 있었다는 사실이다. 미국의 앞마당 혹은 뒷마당인 중남미는 미국이 놀기에는 더없이 좋은 곳이지만 동시에 그만큼의 위험도 감수해야만 한다.

쿠바의 독재자 바티스타는 미국의 후원을 바탕으로 쿠데타에 성공하고 미국의 파트너로서 권력과 부를 유지하고 거머쥔 전형적인 중남미형 부패 독재자이다.

쿠바는 다른 라틴아메리카 국가들과는 달리 19세기의 끄트머리인 1898년에 가서야 독립을 달성했다. 쿠바의 독립이 다른 라틴아메리카 국가에 비해 늦어진 데는 두 가지 결정적인 이유가 있다. 첫째는 식민제국 스페인이 끝까지 쿠바를 포기하지 않으려 했다는 사실이고, 다른 하나는 그런 스페인을 미국이 방조 내지 지지했다는 점이다.

1920년대부터 30년대에 걸쳐 활약한 쿠바의 역사학자 롱 류우셸링은 "미국은 항상 쿠바의 독립을 원치 않았다"라고 말하고 있다. 쿠바 독립운동의 아버지라 불리는 호세 마르티(Jose Marti)도 "라틴아메리카 각국은 독립문제에 있어서만큼은 '북미의 거인(미국)'에 의존하는 안이한 생각을 버리라"고 일갈했다.

물론 내부적인 문제도 있다. 스페인에 대한 과도한 의존으로 독립 의지가 부족했다는 비판과 함께 쿠바 경제의 절대적인 부분을 차지하던 사탕수수 생산이 미국으로부터 수입된 흑인 노예제에 의존하고 있었다는 점 역시 빼놓을 수 없다.

아이러니하지만 쿠바의 독립은 쿠바의 독립을 원치 않았던 두 국가, 그러니까 스페인과 미국의 갈등에서 비롯됐다. 직접적인 원인은 쿠바 아바나 항에 정박해 있던 순양함 메인호가 이유를 알 수 없는 폭발을 일으켜 266명의 미 해병이 사망하는 사건이다. 스페인은 우발적인 폭발사건이라고 주장했지만, 미국은 그 배후에 스페인이 있다고 판단했다. 미국 정부는 1898년 4월 의회에 군사적 개입을 위해 승인을 요청했다. 결국 1898년 4월 15일 매킨리 대통령이 스페인에 선전포고를 하면서 미-스페인 전쟁의 막이 오른다. 19세기 이미 종이호랑이로 전락한 스페인은 떠오르는 신흥 강국 미국의 상대가 되지 못했다. 미-스페인 전쟁의 승리로 미국은 쿠바를 비롯해 필리핀, 괌, 푸에르토리코를 점령했다. 1898년 12월 10일 파리 조약으로 쿠바의 독립이 인정되면서 1899년 1월 1일부터 미국은 쿠바에서 군정(軍政)을 실시한다.

그러나 쿠바에서는 1898년 10월부터 군인 중심의 평의회를 구성하여 주권 국가로서의 즉각적인 독립을 요구하고 있었고 결국 쿠바인에 의한 공화국 행정은 1902년 5월 20일부터 시작된다. 미국은 추방되었던 토마스 에스트라다 팔마(Thomas Estrada Palma)를 미군 점령지 쿠바의 대통령으로 추대한다. 당연히 팔마는 재임 기간 중 미국의 간섭으로부터 자유롭지 못했다.

향후 마차도를 비롯해 여러 명의 정치 지도자가 대통령에 당선되며 독립 국가의 위상을 다져 갔지만 1929년 대공황의 여파와 불안한 정치 상황을 해결하지는 못했다. 그리고 이 혼란의 시기에 무능한 허수아비 대통령의 막후에서 이들을 조정한 인물이 바티스타였다. 바티스타가 1938년 워싱턴을 방문했을 때 미국의 언론들은 그를 "촉망받는 미래의 쿠바 지도자"로 묘사했다.

5 ·16 군사 쿠데타 직후인 1961년 11월 14일 국가재건 최고회의 의장 자격으로 백악관의 존 F. 케네디를 만난 박정희가 말끔한 신사복 차림이었다면 바티스타는 언제나 빳빳한 군복에 다소 커 보이는 군모(軍帽)를 쓴 채 워싱턴의 지도자들을 만났다. 그에게 군은 권력의 원천이자 상징이었다.

사탕수수 노동자에서 대통령까지

◇◇◇◇◇◇◇◇

풀헨시오 바티스타(Fulgencio Batista). 그는 매우 독특한 이력의 소유자다.

군사 쿠데타는 별을 단 장성 출신의 군인이 주도하는 것이 일반적이지만 그는 하사관 출신의 평범한 군인이었다. 더욱 놀라운 것은, 한 번도 아닌 두 차례의 쿠데타를 통해 두 번 모두 대통령직을 수행했다는 점이다. 쿠데타가 빈발한 중남미에서도 이런 기록은 흔치 않다. 실제로 바티스타는 1933년 이른바 '중사들의 반란'이라고 불리는 군사 쿠데타를 통해 마차도 모랄레스 정권을 붕괴시키고 권력을 차지했고(1940~1944), 1952년에는 두 번째 군사 쿠데타를 통해 재집권(1952~1959)에 성공했다.

결과적으로 바티스타는 1959년 쿠바혁명으로 권좌에서 내려왔지만, 루마니아의 차우셰스쿠나 리비아의 카다피와 같이 성난 민중에 의해 거리에서 맞아 죽는 비극 대신 자신의 호화 전용기를 타고 이웃 나라 도미니카 공화국으로 줄행랑을 침으로써 자신의 목숨뿐만 아니라 부패로 쌓은 엄청난 은닉자산도 유지할 수 있었다. 말년에는 스페인과 포르투갈의 해변이 내려다보이는 호화저택에서 유유자적하며 시간을 보냈다. 최후까지 심판받지 않은 나름 억세게 운 좋은(?) 독재자라 할 수 있다.

바티스타는 1901년 쿠바 동부 바네스라는 지역에서 가난한 빈농의 아들로 태어났다. 1901년이면 미국-스페인 전쟁 직후, 신생 독립 국가로서 쿠바가 격변기에 있을 시기였다. 바티스타는 어린 시절 미국계 퀘이커 학교에서 잠시 정규교육을 받았지만, 가난으로 인해 더 이상의 고등교육의 기회를 얻지는 못했고 대신 항만과 철도 노동자, 사탕수수와 바나나 농장 노동자, 식당 종업원과 이발사 등 글자 그대로 산전수전 겪으며 돈을 벌어야만 했다. 그의 운명이 바뀐 것은 1921년 스무 살의 나이에 아바나를 여행하다 군대에 자원입대 하게 된 이후부터이다.

독립이라 했지만, 주인이 스페인에서 미국이라는 나라로 이름만 바뀌었을 뿐, 정치적 경제적 종속 관계는 변화가 없었다. 오히려 명목적인 독립 이후 미국의 쿠바에 대한 종속은 날이 갈수록 심화했다. 미국이 쿠바의 독립을 반대했던 이유는 스페인 지배하에서 설탕을 바탕으로 한 수탈 경제를 안정적으로 관리할 수 있었기 때문이다.

반대로 미국이 입장을 바꿔 쿠바의 독립을 지지하기 시작한 이유도 같은 맥락이다. 스페인의 지배가 더 이상 유효하지 않았을 뿐만 아니라, 미국이 직접적으로 쿠바를 관리하는 것이 더 효율적이라 판단했기 때문이다.

미국의 애완견, 그리고 마피아와의 유착관계

바티스타가 권력을 잡고 유지하는 과정에 미국의 방조와 조력이 있었다는 것은 많은 역사의 기록들이 증언하는 주지의 사실이다. 카스트로의 쿠바혁명이 임박했던 1956년과 1957년 사이에는 공산 세력을 막는다는 명목으로 아이젠하워 행정부의 집중적인 군사 지원이 이뤄졌다.

특히 1952년 쿠데타로 재집권한 이후 쿠바의 미국 종속은 극도로 심화가 된다. 쿠바 석유 사업의 대부분은 미국 석유회사의 손에 좌우됐고, 철도와 전력을 비롯한 공공사업 분야까지도 미국의 영향을 벗어나지 못했다. 바티스타 집권기 쿠바 제당 공장의 50~60%는 미국의 소유였고 이외에도 미국의 자본은 담배, 과일, 운송, 전기

전신 및 은행 등을 포괄적으로 장악하고 있었다. 이미 잘 알려진 이야기지만, 바티스타와 미국 마피아의 관계는 서로 밀고 당겨 주는 일종의 거래적 관계였는데, 이 시기에 마피아는 아바나에 카지노와 나이트클럽을 열고 심지어 매춘 사업에 뛰어들어 수억 달러의 돈을 벌어들였다. 1957년 미국 주재 쿠바 대사가 사업권 특혜에 대한 감사의 표시로 금으로 된 전화기를 바티스타에게 선물한 것도 유명한 일화다. 당시 월스트리트 저널에는 "바티스타 정권하에서 우리는 번영할 것이다"라는 카지노 관계자의 말이 실리기도 했는데, 이는 상징하는 바가 크다.

이득을 얻은 건 미국의 비즈니스맨만이 아니었다. 미국의 라스베가스와 마이애미로부터 몰려간 레저 사업가들은 아바나에 호텔과 카지노, 그리고 나이트클럽을 개장할 경우, 1건 당 2만 5천 달러를 허가세 명목으로 바티스타에게 지불했다. 바티스타 입장에서는 꽤 괜찮은 사업이 아닐 수 없었다.

바티스타는 미국 망명 중 플로리다에 거주한 바 있는데, 아마도 이 시기에 미국의 정재계 인사들과 교류하면서 나름의 든든한 연줄을 만든 것으로 보인다. 특히 '럭키 루치아노(Lucky Luciano)'라고 불린 이탈리아계 미국인 마피아는 바티스타를 비롯한 쿠바 권력자의 비호 아래 쿠바 경제를 주무르는 큰손이었다.

놀랍지만, 이러한 마피아의 사업권은 쿠바혁명 이후 카스트로 집권 기간에도 일정 기간 유지됐다. 지금 아바나를 방문하면 볼 수 있는 대규모 호텔과 클럽 등 대부분은 바티스타의 집권 2기인 1950 년대 집중적으로 건설된 것들이다.

네드 엘리어트(Ned Eliliott) 감독의 다큐멘터리 〈Fulgencio Batista〉에는 그동안 잘 알려지지 않은 비하인드 스토리도 있다. 1941년 2차 세계대전이 한참일 때, 미국은 쿠바의 행보에 의심을 가졌는데, 눈치 빠른 바티스타는 이런 의심을 해소하고 미국의 환심을 사기 위해 발 빠르게 아바나에 주재하는 독일과 이탈리아의 외교관을 추방한다. 그리고 한발 더 나아가 스페인의 프랑코 파시스트 정권을 타도하기 위해 쿠바와 미국이 연합군을 구성해 스페인을 침공하자는, 다소 과감한 제안까지 한다. 미국은 바티스타의 제안을 심각하게 받아들이지는 않았고 당연히 실제로 성사되지는 않았다.

1941년 12월 일본이 미국의 진주만을 공격해 결국 미국이 참전을 결정했을 때, 세계에서 가장 먼저 미국의 뒤를 이어 일본에 선전포고를 한 나라가 바로 쿠바라는 사실도 잘 알려져 있지는 않다. 이밖에 쿠바는 세계대전 기간 중 영국에 대규모 설탕을 지원하는가 하면, 카리브해에서 나치의 활동을 감시하고 독일의 유보트 한 대를 실제로 침몰시키는 전과를 올리는 등 연합국의 일원으로 활약하기도 했다. 물론 이 모든 일들이 바티스타의 집권 1기(1940~1944)에 일어난 일들이다.

카스트로의 무장 투쟁과 쿠바혁명

<><><><><><>

1952년 3월 13일, 피델 카스트로는 '바티스타의 권력 탈취에 대한 선언'을 발표하고 쿠바 헌법재판소에 바티스타를 고발한다. 하지만 이는 곧바로 기각됐고, 합법적 수단에 의해 바티스타 정권을 몰아내는 것이 불가능하다는 사실을 각인한 카스트로는 본격적인 무장 투쟁에 나선다.

결국 1953년 7월 26일 카스트로는 165명의 청년과 함께 산티아고에 있는 몬카다(Moncada) 병영을 습격한다. 하지만 다소 무모하고 어설픈 이 무장 투쟁은 실패로 돌아가고 카스트로는 체포된다. 재판에 넘겨진 카스트로는 법정에서 저 유명한 "역사는 나에게 무죄를 선고할 것이다"라는 변론을 전개한다. 다행히 국제사회의 압력과 해외언론의 도움으로 체포 11개월 후인 1955년 석방된 카스트로는 멕시코로 떠나게 되는데, 이곳에서 아르헨티나 출신의 운명적인 혁명동지 체 게바라를 만나게 된다.

카스트로는 멕시코에서 무장 혁명의 동력이 될 동지들을 다시 규합하고 1956년 12월 2일 쿠바 남부의 해안을 통해 다시 상륙을 시도한다. 하지만 도중 발각되어 12명을 제외하고는 전원이 사망한다. 카스트로는 나머지 생존자들을 이끌고 시에라 마에스트라(Sierra Maestra) 산맥의 정글 지대로 도주하여 본격적인 게릴라 활동을 시작한다. 시에라 마에스트라는 수도 아바나로부터 가장 멀리 떨어진 동부지역에 있는 쿠바 사탕수수 생산의 중심지이고 노예해방 운동과 독립운동의 강한 전통을 가진 지역이다. 일찍이 호세 마르티와 같은 혁명의 지도자들이 근거지로 삼은 곳이기도 하다.

카스트로가 1953년 7월 몬카다 병영을 습격했을 때만 해도 주민들의 큰 지지를 받은 것은 아니다. 하지만 게릴라 활동을 전개하면서 카스트로의 혁명 세력은 빈곤계층 및 도시노동자 그리고 청년층으로부터 전폭적인 지지를 받기 시작한다.

1957년 미국의 CBS 방송에서 파견한 제작팀은 〈쿠바 밀림 속의 전사들〉이란 제목의 다큐멘터리를 방송한다. 반응은 폭발적이었다. 특히 독재자에 맞서 싸우는 밀림의 게릴라라는 테마는 미국의 시청자들에게 강렬한 인상을 심어 주었다. 검은 수염에 시가를 물고 인터뷰하는 카스트로의 모습은 묘한 신비감마저 풍기기까지 했다. 정치적 감각이 뛰어났던 카스트로는 미국인의 심기를 건드릴 만한 발언은 가급적 삼가했다. 대신 그는 바티스타가 얼마나 잔인한 독재자인지, 그리고 왜 자신은 이 외로운 밀림 속에서 투쟁하는지를 조곤조곤 설명했다. 이 또한 바티스타에게는 적잖은 타격을 가한 셈이다. 정부군이 퍼뜨린 소문들, 예를 들어 게릴라들은 무도한 살인자라는 바티스타의 프로파간다가 거짓으로 드러났기 때문이다. 참으로 아이러니한 일이다. 미국 정부는 독재자를 후원하고, 미국 국민은 그 독재자와 싸우는 게릴라에게 열광하고 있었으니 말이다.

게릴라에 대한 우호적인 여론이 번지면서 게릴라에 자원하겠다는 사람들도 늘어났다. 개중에는 관타나모 미군기지에 주둔해 있던 세 명의 미군 병사도 포함돼 있었다. 물론 이들 중 2명은 밀림의 심한 일교차와 각종 해충의 공격을 견디지 못하고 다시 자신의 기지로 돌아왔지만 말이다.

　암튼 이맘때쯤 게릴라의 은거지 시에라 마에스트라는 혁명의 기지이자 해방구로 전 세계에 알려지게 된다. 쿠바 농민들의 자발적인 참여도 늘어갔다. 체 게바라의 전기에 따르면, 이 시절 게바라는 까막눈인 농민을 대상으로 글을 가르치거나 농업 기술을 전수하기도 했다.

　민심을 서서히 장악한 카스트로는 1957년 3월 13일 아바나의 대통령 궁을 공격한다. 바티스타는 살아남았지만, 게릴라가 이젠 자신의 코앞까지 왔다는 사실을 직감한다. 쿠바 군 내부도 동요하기 시작한다. 탈영병이 늘고 아예 무기를 버리고 게릴라에 합류하는 병사들이 점점 늘어났다. 같은 해 9월 5일에는 쿠바 해군의 봉기가 일어났다.

　1958년에 접어들자 미국의 원조마저 끊어졌다. 아이젠하워 행정부는 부패하고 회복 불가능한 쿠바의 독재자를 버리기로 결심한 것이다. 충실한 미국의 애완견이었지만 이제 바티스타의 용도도 다해가고 있었던 것이다. 마침내 1959년 1월 혁명군은 아바나에 입성한다. 혁명군이 아바나에 입성하기 불과 몇 시간 전, 바티스트는 그

　　　　　　　　　　　　　　　　　　　　　풀헨시오 바티스타

의 가족과 몇몇 지지자들을 동반하고 자신의 전용기를 이용해 도미니카로 도주한다.

바티스타의 전용기에는 재임 기간 중 부정하게 모은 수억 달러의 현금다발이 있었다고 한다. 이후 바티스타는 거주하던 도미니카에서 포르투갈령 마데이라 제도로 이주했고, 다시 포르투갈 리스본으로 거처를 옮겼다가 최종적으로는 1973년 스페인 마르베야에서 사망한다.

10여 년 전 바티스타의 아들 로버트 바티스타가 아버지의 삶을 담은 책을 출간했다. 그는 이 책에서 "아버지는 조국 쿠바를 누구보다 사랑했다"라고 썼다. 변화를 갈망하던 1930년대의 바티스타와 막장 부정부패의 끝판을 달리던 1950년대의 바티스타는 분명 다르게 평가할 부분은 있다. 하지만 그가 진정으로 사랑한 것은 조국 쿠바가 아니라 한 줌의 권력과 부정하게 모은 돈다발이었다는 사실에는 변함이 없다.

쿠바 아바나에 있는 전쟁박물관에는 바티스타를 'dictador malisimo', 즉 '최악의 독재자'로 기록하고 있다. 이것이 진정한 역사의 평가라는 사실을 그의 아들도 알았으면 좋겠다.

참고로 트럼프 2기 행정부의 외교 안보 정책을 담당할 국무장관에 지명된 마르코 루비오(Marco Rubio) 상원 의원은 혁명 직전인 1956년에 아바나를 탈출해 미국 플로리다에 정착한 쿠바계 이주민의 아들이다. 역사는 이래저래 아이러니의 연속이다.

15

제이콥 주마
JACOB GEDLEYIHLEKISA ZUMA
(1942~)

1947년 4월, 영국의 국왕 조지 6세와 그의 가족들이 특별열차를 타고 남아공 전역을 돌며 순회할 때 영국 왕실에서는 군주와 로열 패밀리는 그 어떤 흑인과도 악수하지 않을 것이라고 밝혔다. 당시 20대의 청년으로 아프리카민족회의 ANC에 소속돼 있던 넬슨 만델라는 이 소식을 접한 후 크게 분노했다.

만델라의 피를 더 끓게 만든 것은 조지 6세 국왕이나 영국 왕실의 오만한 생각이 아니라 이들을 열렬하게 환영하는 남아공 흑인들의 굴종적이고 비굴한 태도였다. 자신의 손을 더럽다고 거부하는 사람에게 손을 벌려 열렬히 환호하는 모습에 만델라는 배신감과 함께 깊은 회의를 느꼈다.

남아프리카에서 분리와 관련해 근간이 된 법은 아프리카인 보호구역을 설정한 1913년 토지령(Land Act)이었다. 이 정책의 목적은 1922년 정부 조사위원회 보고서에 다음과 같이 명시돼 있다.

제이콥 주마

"아프리카인은 백인의 필요에 부응하기 위해서만 도시에 머무를 수 있으며, 그 일을 마치는 즉시 도시를 떠나야 한다."

악명 높은 토지령이 철폐된 지 100여 년이 훨씬 지났고 아파르트헤이트 정책도 '공식적'으로는 끝이 났지만, 케이프타운의 부촌인 밴트리 베이(Bantry Bay)에서 흑인을 볼 수 있는 경우는 거의 없다. 종종 흑인을 볼 수 있다면 이들은 부유한 백인 집안에 고용된 가사도우미이거나 경비원일 가능성이 99.9%다.

21세기에도 "흑인은 백인의 필요에 부응하기 위해서만 도시에 머무를 수 있으며, 그 일을 마치는 즉시 도시를 떠나야 한다"라는 100년 전 토지령의 망령은 여전히 유효한 셈이다.

2015년 세계은행(WB) 보고자료에 따르면 남아공은 세계에서 가장 불평등 지수가 높은 국가 중 하나이며 빈부격차 또한 세계적 수준이다. 구체적으로는 상위 10%가 전체 국가 자산의 70%를 독점하고 있는 반면에, 인구의 절대다수를 차지하는 하위 60%는 단지 7% 소유에 불과한 것으로 나타났다.

더 큰 문제는 여전히 심각한 흑백 간 불균형이다. 2022년 3분기 남아공 정부의 통계자료에 따르면 흑인의 실업률은 37%에 달하지만, 백인의 실업률은 8%에 불과하다. 그리고 백인의 임금은 흑인의 3배에 육박한다. 1994년 만델라의 집권 이후 4회 연속 흑인 대통령이 탄생하며 '무지개의 나라'를 꿈꿔 왔던 남아공은 아파르트헤이트 시절의 악몽에서 여전히 벗어나지 못한 것이다.

제이콥 주마, 부패한 괴물의 탄생

◇◇◇◇◇◇◇

남아프리카공화국에서 가장 먼저 떠오르는 인물이 있다면 두말할 필요도 없이 넬슨 만델라이다. 넬슨 만델라의 명성이 너무 높다 보니 그 그늘에 가려져 있지만, 사실 만델라의 후계자로 지목돼 지난 2009년에 남아공 대통령에 취임한 제이콥 주마 또한 만만치 않은 민주화 투쟁 경력을 소유한 인물이다. 물론 그의 결말은 실망을 넘어 경악할 수준의 파렴치 범죄자로 전락했지만 말이다.

제이콥 주마(Jacob Zuma)는 1942년 4월 12일 남아프리카 연방 콰줄루나 주에서 태어났다. 남아프리카에서 다수를 차지하는 줄루족 출신으로 후일 주마의 가장 큰 정치적 후원 세력도 줄루족이다. 아파르트헤이트로 인해 제대로 된 정규교육은 받지 못한 것으로 전해진다.

주마는 백인 정권이 집권하던 1963년 흑백 차별정책인 아파르트헤이트에 반대하며 세워진 아프리카민족회의(ANC)에서 활동한 혐의로 11년간의 옥살이를 하기도 했다. 그는 지난 1999년 타보 음베키와 함께 대통령 선거 러닝메이트로 출마해 부통령에 당선됐고 10년 뒤인 2009년에는 대통령에 당선돼 세상의 주목을 받기도 했다.

하지만 주마 대통령을 둘러싼 각종 스캔들과 권력형 비리는 끝없이 이어졌다. 특히 사생활은 막장에 가깝다. 지난 2005년에는 친구의 딸을 성폭행했다는 혐의로 기소됐다 무죄선고를 받기는 했지만, 그의 문란한 여성 편력은 이미 잘 알려진 사실이다.

공식적으로는 6번 결혼했고 2번 이혼했으며 자녀도 19명 정도로 '추정'될 뿐 몇 명의 혼외자식이 더 있는지 알 수도 없다.

이에 대해 주마는 "일부다처제는 줄루족의 전통이며 백인들의 전통을 따를 필요는 없다"라며 당당한 입장이다. 그의 지지자들도 "능력 있으면 그럴 수도 있다"라거나 "백인의 시각으로 평가하지 말라"라며 주마를 옹호하고 있다.

하지만 이것은 시작에 불과하다. 남아공 헌법재판소가 구성한 반부패 조사위원회는 주마의 비위 행위에 대한 조사에서 2014년 사저 개보수에 세금을 사적으로 유용한 혐의, 부통령으로 취임한 1999년부터 2018년 사임 전까지 프랑스 방산업체 탈레스로부터 수억 원 대의 뇌물을 받고 무기를 사들인 혐의, 인도계 유력 재벌가 굽타와 결탁해 내각 장관과 국영기업 이사장 선임에 정치적 영향을 행사한 혐의 등 총 16개 혐의로 그를 기소했고 대부분 유죄가 인정됐다. 특히 심각한 범죄행위는 사실상 남아공판 국정농단이라 불리는 인도계 굽타 가문과의 밀착이다.

우연의 일치일 수도 있지만 국내에서 최순실 국정농단 사건이 알려진 지 불과 열흘 만인 2016년 11월 3일, 남아공 언론은 주마와 굽타 가문의 밀착 관계를 폭로했다. 당시 야당과 반정부 세력은 "굽타 가문이 사실상 남아공을 식민화했고 주마가 최고 식민지 행정관 노릇을 했다"라고 비꼬았다.

지난 2022년 4월 인도계 재벌 굽타 가문에 남아공의 알짜 국영기업들을 팔아넘겼다는 내용의 반부패 조사보고서가 나와 단순한 소문이 아니었음이 확인됐다. 조사보고서의 주요 내용에 의하면 주마가 남아공 전체 전력의 90%를 공급하는 국영전력회사 에스콤(eskom)을 굽타 형제에게 헐값에 매각해 천문학적 수치의 부당 이익을 취했다는 것이다. 만성적인 전력난으로 온 나라가 'load shedding'이라고 불리는 지역별 단전까지 실시하고 있는 상황에서 밝혀진 내용이라 남아공 국민의 배신감과 분노는 더 컸다.

전력난으로 공장 작동이 중단되고 가난한 서민은 촛불 아래서 신음하고 있을 때 주마는 자신의 호화로운 대통령 집무실에서 부정한 돈다발을 세고 있었을 것이다.

BBC는 주마가 지금까지 받아 온 범죄 및 비위 관련 혐의가 총 783건에 달한다고 보도한 바 있다. 결국 주마 대통령의 부정부패와 무능이 알려지면서 전국에서 그의 사임을 요구하는 시위가 열렸다. 이제는 ANC의 자랑이 아니라 ANC의 수치가 되어 버린 주마에게 2017년 12월 ANC는 공식적으로 하야를 요구한다. 그리고 다음 해 2018년 2월14일 주마는 대국민 선언을 통해 결국 자진 하야한다.

사실 그가 대통령으로 재임하는 동안 의회는 총 9차례에 걸쳐 그의 탄핵을 시도했지만 모두 부결되거나 중도에 좌절됐다. 집권당 ANC의 조직적인 비호가 있었기에 가능한 일이었다. 아울러 앞서 지적한 바와 같이 그의 정치적 기반인 줄루족의 맹목적인 지지도 한몫을 차지했다. 사실 주마의 부패에도 불구하고 나름 높은 인기를 유지할 수 있었던 비결은 주마 특유의 친근한 성격 때문이다. 그는 대중들과 잘 어울렸고, 일견 호탕하고 대범했다. 하지만 그는 대중의 사랑만을 먹고사는 연예인이 아니라 한 나라의 대통령이었다는 점에서 이런 장점도 그의 단점을 가리기에는 역부족이다.

물론 그의 재임 기간 중 평가해 줄 만한 성과도 없지는 않다. 지난 2010년 남아공 월드컵 개최는 그동안 아파르트헤이트라는 오명에 갇혀 있던 남아공에게 새로운 이미지를 선사했다. 아울러 같은 해 2010년 12월에는 BRICS에 가입해 국제무대에서 주도적인 역할을 할 수 있는 발판을 마련하기도 했다.

하야 이후에 그의 부패 혐의는 줄줄이 사탕처럼 밝혀졌고 결국 2020년 2월 비리 혐의로 주마 전 대통령에 대한 체포 영장이 발부된다. 하지만 주마가 반부패 위원회 출석을 거부하자 남아공 헌법재판소는 2021년 법정 모독죄로 주마에게 징역 15개월을 선고했고 2021년 7월 8일 주마는 체포돼 구속된다.

그의 수감 직후 그를 지지하는 폭력 시위가 일어나 350명의 인명 피해가 발생하기도 했다. 줄루족 출신인 주마는 자신의 지지 세력인 줄루족을 향해 폭력을 선동하는 연설을 자주 했었는데, 사실상이 또한 내란 선동 행위에 해당한다. 이때 폭동의 불씨가 엉뚱하게도 남아공 현지에 진출한 한국 기업들에게도 옮겨붙었다. 폭도들이 삼성과 LG의 물류센터를 습격하고 약탈을 벌여 상당한 규모의 손해를 입었던 것이다.

하지만 주마의 정치생명이 여기서 끝난 것은 아니다. 그는 석방 이후에도 막후에서 정치적 영향력을 행사하고 있다. 이번에는 고향과도 같은 ANC가 아니다.

주마는 자신의 정치적 기반이었던 ANC를 배반하고 지난 2023년 5월 총선에서 신생 정당 움코토 위시즈웨(MK)를 지지한다고 밝혀 충격을 줬다. 결국 총선에서 ANC는 득표율 40.18%로 의회의 전체 400석 중 159석을 얻는 데 그쳐 과반 의석 확보에 실패했다.

참고로, ANC는 넬슨 만델라를 대통령으로 당선시킨 1994년 이후 무려 30년간 단 한 번도 과반 의석을 놓친 적이 없었다.

충격을 받은 ANC는 주마의 배신행위에 책임을 물어 그를 당적에서 제명해 버렸다.

무엇이 남아공 발전을 가로막는가?

◇◇◇◇◇◇◇

만성적인 부정부패와 치안 불안으로 여전히 몸살을 앓고 있지만, 남아공은 아프리카 대륙 유일의 G20 국가이다. 면적은 한반도의 5.5배에 달하며 천연자원도 풍부하다. 남아공은 세계 크롬 매장량의 35%, 금 매장량의 11%를 차지하고 있으며, 세계 5위의 다이아몬드 생산국이다. 아울러 천혜의 관광자원으로 세계인이 꼭 한 번 방문하고 싶은 나라이기도 하다. 하지만 전문가들은 남아공의 발전을 저해하는 가장 큰 주범으로 만성적인 정치부패를 꼽는 데 주저하지 않는다.

1994년 만델라 대통령을 시작으로 타보 음베키(1999~2008), 칼레마 모틀란테(2008~2009), 제이콥 주마(2009~2018), 그리고 시릴 라마포사(2018~현재)에 이르기까지 4회 연속 흑인 지도자들이 권력을 쟁취하는 데 성공했다. 하지만 아파르트헤이트의 가장 큰 피해자인 동시에 지난한 투쟁을 거쳐 권력을 잡은 이들은 왜 만델라처럼 초심을 유지하지 못하고 부패의 구렁텅이에 쉽게 빠져들었을까.

먼저 개인적인 무능과 함께 남아공의 만성적 부패구조를 낳은 두 가지 요인을 살펴보지 않을 수 없다.

첫째는 기존의 흑백 갈등이 새로운 흑인 간 갈등으로 이어지고 있다는 점이다. 좀 더 정확하게 말하자면, 극소수의 특권 엘리트 흑인충과 대다수의 가난한 흑인층으로 나눠지고 있는 것이다. 아파르트헤이트 종식 이후, 집권에 성공한 흑인 지도자들은 그동안 박탈된 기회를 보상하기 위해 대규모 흑인 우대정책을 도입한다. 대표적으로 공무원 선발 시 흑인에게 가산점을 부여하는 제도를 그 예로 들 수 있다. 출발은 나쁘지 않았다. 기회에 굶주려 있던 수많은 흑인 청년들에게 부푼 희망을 제공했기 때문이다. 하지만 운영은 부실했고 결과는 부패했다. 워낙 기초학력이 부실한 인력이 많다 보니, 행정 운영의 미숙이 곧바로 드러났다. 더 큰 문제는 가산점 부여를 받은 사람 상당수가 이른바 '연줄'을 이용한 정실인사가 많았다는 점이다. 이웃집 찰스는 소위 '아빠 찬스'를 이용해 공무원이 됐는데, 가난한 우리 집 아이는 이를 부러운 눈으로 지켜만 봐야만 한다면, 공정과 기회는 그야말로 공염불에 불과한 것이다. 이는 새로운 흑인 간 갈등의 기폭제로 작용한다.

말단 공무원에서 대통령에 이르기까지 '준비 안 된 리더'들이 차지하다 보니 국정은 그야말로 갈짓자를 그리며 표류하기 시작한다. 만델라를 제외하고 초심을 유지한 흑인 지도자는 그리 많지 않다. 이 가운데 주마는 만델라의 정신과 동지들의 희생을 땅에 내동댕이친 대표적인 흑화형 인물이다.

남아공의 발전을 저해하는 또 다른 요인은 만성적인 치안 불안이다. 남아공은 천혜의 자연을 자랑하는 관광 천국이지만, 남아공을 방문하는 관광객은 수백 가지에 달하는 치안과 관련된 주의사항을 경청해야 한다. 그렇지 않으면 굉장한 낭패를 보기 십상이다. 실제로 남아공의 치안 불안은 내전이 진행 중인 예멘이나 아이티의 상황보다 조금 나은 정도이고 최근 부켈레 대통령이 갱단과의 전쟁으로 눈부신 성과를 거둔 엘살바도르와는 비교가 되지 않는 수준이다.

2014년 아프리카 도시 범죄지수를 보면, 남아공의 도시들이 1위에서 5위까지 싹쓸이를 하고 있다. 범죄지수 81.8을 기록한 프레토리아가 불명예스러운 1위를 차지했고 더반, 요하네스버그, 포트엘리자베스, 케이프타운이 그 뒤를 잇고 있다. 1990년대 초반까지 케이프타운에는 10만 명 이상의 갱들이 활개를 치면서 '갱스터 파라다이스'라는 오명을 얻기도 했다.

부실한 공권력과 살인, 강도, 강간 등 치솟는 범죄율 때문에 2022년 기준 남아공에는 11,540개에 달하는 민간보안업체가 성업 중이다. 물론 이들 민간보안업체의 보호를 받을 수 있는 사람은 소수의 백인과 역시 극소수의 흑인 엘리트 계층이지만 말이다.

닐 블롬캠프 감독의 SF 영화 〈디스트릭트 9〉의 무대는 남아공의 요하네스버그다. 영화는 남아공 상공에 출현한 외계인을 남아공 당국이 요하네스버그 외곽지역 '디스트릭트 9'이라는 외계인 수용구역에 가두고 통제하는 과정에 벌어지는 혼란과 음모를 담고 있다.

영화에서 외계인을 수용하는 '디스트릭트 9'은 남아공 백인 정권이 실제로 흑인들을 강제 수용했던 '디스트릭트 6'에 빗대어 풍자한 것인데, 아파르트헤이트의 상징이었던 백인 전용 안내판은 영화에서는 '인간 전용', '외계인 출입 금지'로 바뀌어 나온다.

실제 남아공 출신이기도 한 닐 블롬캠프 감독이 이 영화를 통해 던지는 메시지는 분명해 보인다. 격리된 공간에 가두는 자와 간히는 자. 때론 둘의 입장이 바뀌기도 하지만 어떤 경우가 됐건 가장 불행한 일은 스스로를 가두는 일이다.

넬슨 만델라의 투쟁과 수많은 남아공 민중의 희생 위에 천신만고 끝에 마련한 기회를 헌신짝 버리듯 내팽개치고 다시 격리되기를 바라는 어리석은 자, '그들'은 누구인가.

제이콥 주마

16

무아마르 카다피

MUAMMAR GADDAFI

(1942~2011)

중동의 미친개 혹은 아랍의 맹수

◇◇◇◇◇◇◇◇

2003년 리비아의 국가원수 카다피는 공식적으로 핵 개발을 포기하겠다는 중대 발표를 한다. 당연히 미국을 비롯한 국제사회는 일제히 환영의 입장을 밝혔다.

핵 개발 포기에 대한 보상은 나름 달콤했다. 오랜 기간 리비아 경제를 옥죄 오던 미국의 경제 제재가 해제됐고 프랑스를 비롯한 서방 국가의 리비아에 대한 대규모 지원과 투자도 이어졌다. 당연히 내리막을 걷던 리비아의 경제 지표도 파란불이 들어오기 시작했다. 이것이 핵 개발 포기를 대가로 보상하는 이른바 '리비아식 모델'이다.

특히 2018년 당시 트럼프 행정부의 국가 안전 보좌관으로 있던 존 볼튼이 리비아 비핵화 모델을 북한에 적용하겠다고 말해 화제가

무아마르 카다피

되기도 했다. 하지만 존 볼튼의 발언에 대한 북한의 반응은 싸늘했다. 그 이유는 너무나 분명했다. 핵을 포기한 순간 더 다른 선택지가 없다는 것, 그리고 무엇보다 카다피의 최후가 너무나 비참했다는 것을 김정은 스스로 확인했기 때문이다.

하지만 카다피의 비참한 최후가 핵을 포기했기 때문이었을까?

21세기 독재자 가운데 가장 비참한 최후를 맞은 이를 꼽으라면 카다피는 무조건 다섯 손가락 안에 들고도 남는다. 지금도 떠도는 카다피의 마지막 영상은 매우 충격적이다.

성난 대중들에게 글자 그대로 '개처럼' 끌려다니던 카다피는 '제발 살려 달라'고 애원하지만, 온갖 욕설과 함께 침을 뱉고 뺨을 때리는 등 모욕적인 구타가 가해진다. 카다피의 입과 코에서 피가 흘러나오고 이어진 총성. 이것이 한때 제3세계의 지도자이자 아랍 세계의 맹수로 불리던 카다피의 최후이다.

'리비아의 악동', '중동의 미친개'라고 불리던 카다피는 살아생전 잇단 기행으로도 유명했다. 그의 트레이드 마크가 된 검은 수염과 검은 선글라스는 그나마 애교 수준이다. UN 연설 총회에서 무려 96분간 쉬지 않고 연설하는 바람에 동시통역사가 기진맥진한 상태에서 교체된 이야기는 전설 아닌 전설로 전해진다. 이 밖에도 미혼 여성만으로 구성된 경호부대를 항상 자신 주변에 대동했다든가, 해외 순방 중 호텔이 아닌 베두인 식 텐트 안에서 생활했다는 등의 이야기 등이 전해진다.

하지만 여기서 분명히 강조하고 싶은 사실 하나는 카다피에 대한 평가가 지나치게 편향적으로 경도돼 있고 또 과장돼 있다는 사실이다. 카다피가 역사상 가장 비참한 최후를 맞이한 독재자 가운데 한 명이라는 사실에는 변함이 없지만, 그가 이룩한 긍정적인 업적도 함께 지워져서는 안 된다.

카다피의 집권기 리비아의 GDP는 1969년 38억 달러에서 1974년에는 137억 달러, 그리고 1979년에는 254억 달러를 기록하며 불과 10년 사이에 8배 가까이 급성장한다. 특히 1979년에 이르러 리비아의 1인당 GDP는 8,000달러에 육박하는데, 이는 당시 11,000달러 수준이던 미국, 프랑스 독일과 어깨를 겨눌 정도였고 영국의 7,800달러를 능가하는 수준이었다. 석유 사업 국유화 이후 오일 달러의 영향과 함께 카다피가 추구하는 국가자본주의가 분명한 성과를 거둔 것을 부인하기는 어렵다.

70년대 이후 본격적으로 강화된 이슬람 사회주의 방식에 따라 술과 나이트클럽이 금지되는 등 사회 통제가 강화됐지만 경제적으로는 공공주택과 공공의료시설 확충, 무상교육 확대 등이 시행됐고 제도적으로는 최저임금 인상, 임대료 상한선, 물가 상한성 등을 마련해 대중들로부터 커다란 환호를 받았는데 당시 리비아의 복지수준은 유럽을 능가할 정도였다.

무아마르 알 카다피. 그는 1942년 6월 7일 리비아 시르테주 근교 베두인족 마을에서 태어났다. 그가 태어났을 당시 리비아는 이탈리아의 식민지 상태였고 2차 세계대전의 화마도 피할 수 없었다. 특히 리비아는 독일과 연합국의 아프리카 대륙을 둘러싼 주요 격전지였다. 우리가 잘 아는 사막의 여우 롬멜과 몽고메리 장군의 전투도 리비아와 이집트의 사막 한가운데에서 벌어졌다.

가난한 환경에서 여러 명의 형제 친척들과 함께 성장했지만 어릴 적부터 공부와 출세에 대한 의욕과 욕망이 남달랐다고 전해진다. 이라크의 사담 후세인과 마찬가지로 성장 과정에 카다피에게 가장 큰 영감과 영향을 준 인물은 역시 이집트의 나세르이다. 카다피가 10살 무렵이던 1952년에는 나세르의 아랍민족주의가 리비아 전역에도 퍼져 있었다. 카다피의 아랍 사회주의 및 민족주의 이념은 이 시기부터 형성돼 평생을 지배했다.

가난한 베두인 부족 출신의 소년 카다피가 성공할 수 있는 방법은 역시 군인이 되는 길이었다. 공부에도 남다른 재능이 있었던 카다피는 1963년 벵가지의 리비아 대학교를 졸업한 후, 곧바로 리비아 육군 사관학교에 입교해 본격적인 야망의 꿈을 키워 간다. 사관생도 시절에도 그는 동료 생도들과 함께 왕정 타도를 목표로 하는 자유 장교단을 조직해 활동하기도 했다. 자유 장교단은 일종의 군대 내 사조직으로 과거 우리나라의 신군부가 조직한 하나회 정도로 보면 될 것 같다.

기회는 순식간에 찾아왔다. 1969년 육군 중위로 있던 카다피는 국왕 이드리스 1세가 신병 치료를 위해 터키에 체류하는 동안 수도 트리폴리에서 기습적인 쿠데타를 일으켜 정권을 장악하는 데 성공한다.

사실상 쿠데타를 주도한 카다피는 정권을 장악한 이후 스스로 대령으로 진급하고(장성이 아닌 대령을 단 것은 그의 영웅이자 모델인 나세르를 모방한 것이다) 신생 리비아공화국 최고정치기구인 혁명 지도평의회 의장으로 취임한다. 이로써 리비아에서는 왕조가 무너지고 공화정으로 교체된다.

정권 장악 이후 카다피의 가장 중심적인 정치 기조는 반미주의와 이슬람 사회주의였다. 그리고 이를 기반으로 리비아 내 미군기지를 철수하는 동시에 이탈리아와 프랑스 등 외국인과 외국자본을 동시에 추방했다. 아울러 석유를 비롯해 해운 항만, 항공 등의 기반 시설을 국유화한다.

비록 실현되지는 못했지만, 아랍 민족주의자였던 카다피는 단일 아랍국가를 꿈꿨다. 먼저 이집트와의 아랍연합 구성은 당시 이집트의 사다트 대통령과의 의견 차이로 무산됐고, 1980년 시리아와의 합방은 곧이어 발발한 이란-이라크 전쟁으로 역시 무산됐다. 정치적 이상주의는 경제적 이상주의에서 어느 정도 실현됐는데, 카다피의 업적 가운데 빼놓을 수 없는 부분이 바로 실질적인 경제성장이다. 우리나라와도 관계가 있는 리비아 대수로 공사는 사막을 옥

토로 만들겠다는 카다피의 꿈이 실현된 대표적인 사례다. 카다피의 집권 기간 동안 리비아는 아프리카 최빈국에서 1인당 GDP 1만 달러를 돌파하는 기적을 일궈 내기도 했다.

이 대목에서 많은 사람들은 남한의 개발독재자 박정희의 얼굴을 떠올릴 것이다. 사실상 두 지도자에게는 닮은 모습이 너무나 많다. 집권 시기와 통치방식도 그렇지만 무엇보다 경제성장을 통해 가난의 굴레에서 벗어나게 한 것은 수많은 과를 넘어 공으로 인정할 만한 부분이다.

최필립 전(前) 리비아 대사는 한 언론과의 인터뷰에서 "한국은 카다피로부터 많은 특혜를 받았다. 망나니라든가 독재자라는 이미지는 상당 부분 과장된 것으로 그의 업적이 가려진 것은 안타까운 일이다"라고 말했다.

최필립 전 대사의 말처럼 리비아는 한국과는 떼려야 뗄 수 없는 깊은 인연을 가지고 있다. 특히 한국의 동아건설이 수주한 리비아 대수로 공사는 한국 경제발전의 커다란 원동력이었다. 1987년 7월 6일 자 KBS 〈가요무대〉 '열풍, 사하라의 노래'라는 특집도 당시로서는 보기 드문 해외 기획이었는데, 리비아 당국의 적극적인 지원 아래 제작됐다. 리비아 사리르 대수로 공사 현장에 마련된 특설무대에는 당대 최고의 인기가수인 조용필, 현철, 주현미 등이 출연해 열사의 나라에서 땀 흘려 일하던 근로자들을 위로하기도 했다.

사막의 라이언, 그리고 몰락한 아랍의 맹수

◇◇◇◇◇◇◇

　앤소니 퀸이 주연한 영화 〈사막의 라이언〉은 국내에서도 몇 차례 소개됐지만 정작 이 영화가 파시즘 이탈리아에 대항한 리비아의 독립투쟁을 다룬 영화라는 사실을 아는 사람들은 그리 많지 않을 것이다. 이 대목에서 〈사막의 라이언〉을 소개하는 것은 이 영화가 리비아의 근현대 역사뿐만 아니라 카다피가 마음속 영웅이라고 했던 실존 인물 오마르 무크타르를 이해하는 데도 도움이 되기 때문이다.

　영국과 프랑스를 비롯한 유럽의 제국주의 국가들이 아프리카 대륙을 제멋대로 분할통치 하던 시절, 상대적으로 후발주자에 가까웠지만, 그 어떤 제국주의 국가들보다 잔인하게 식민지를 지배하던 국가가 바로 이탈리아다. 특히 이 시기 이탈리아의 지도자 무솔리니는 파시즘을 통치 이념으로 한 강력하고 무자비한 식민 지배 야욕을 노골화한다.

　하지만 얕잡아 봤던 리비아 민중의 저항이 거세지고 번번이 제동이 걸리자 무솔리니는 그라치아니 장군(올리버 리드)을 새로운 리비아 총독으로 임명하고 잔인한 진압을 주문한다. 당시 리비아 독립투쟁의 중심에는 교사 출신의 오마르 무크타르(앤소니 퀸)가 있었다. 그는 이미 칠순을 넘긴 노인이었지만 20년 넘게 무장 투쟁을 이끌던 인물로 이탈리아의 입장에서는 눈엣가시 같은 존재였다. 이탈리아 당국의 수없이 많은 회유와 협박에도 불구하고 그는 결코 타협하지 않는다. 유년 시절 친구까지 나서서 그를 설득하지만 요지부동이다. 어쩌면 일제 강점기 불령선인(不逞鮮人)과도 같은 존재였는지 모르겠다.

리비아의 독재자 카다피는 오마르 무크타르를 평생의 인생 멘토로 생각했다고 한다. 실제로 〈사막의 라이온〉이 제작된 1980년에 리비아의 지도자 카다피는 영화제작에 물심양면의 지원을 아끼지 않았던 것으로 전해진다.

국내에는 1981년에 개봉을 했는데, 이 시기는 광주 민주화 항쟁 이후 전두환 군사 정권이 막 들어선 시기로, 저항이나 항쟁을 다룬 영화가 국내 스크린에 등장하는 것은 매우 이례적이었지만, 당시 리비아 대수로 공사를 진행하던 한국 정부가 리비아 정부, 특히 카다피의 눈치를 봐 개봉을 허락했을 것이라는 뒷이야기도 전해진다.

어쨌든 실존 인물인 오마르 무크타르는 오늘날 리비아 10디나르 화폐에 새겨져 있을 정도로 존경받는 국민 영웅이다.

아무리 강인한 정신으로 뭉친 저항이었지만, 말과 장총만으로 장갑차를 비롯한 현대식 무기로 무장한 이탈리아 군대를 상대하기는 그야말로 계란으로 바위 치기와 다름없었다. 결국 오마르가 생포되고 1931년 리비아 대중들 앞에서 공개처형 됨으로써 저항은 마무리된다. 영화는 중간중간 당시의 실제 사진과 영상들을 교차 편집해 보여 주며 사실감을 극대화하는 효과를 보여 준다.

특히 오마르가 반란죄로 사형을 선고받은 직후 포승줄에 묶여 이탈리아 군인들에 의해 끌려가면서 찍은 사진은 일제 강점기 이토 히로부미를 척살하고 찍은 안중근 의사의 모습과 묘하게 교차가 된다.

역사는 아이러니의 연속이다. 1945년 4월, 무솔리니가 성난 군중들에 의해 주유소에 시신이 거꾸로 매달리는 능욕을 당했던 것처럼, 무려 42년간 리비아를 철권 통치했던 '아랍의 미친개' 카다피 또한 2011년 10월, 시민군에 의해 거리에서 처참하게 피살당한다.

카다피 사망 이후, 리비아는 안정된 정부를 수립하지 못하고 장기간의 권력 공백 사태에 빠진다. 트리폴리 중심으로 하는 서부 세력과 벵가지를 중심으로 하는 동부 세력 간의 정치적 대립이 진행되다 2014년 이후로는 본격적인 내전에 돌입한다.

지난 2020년 유엔의 중재로 휴전 협정이 체결되고 현재는 유엔이 승인한 리비아 통합 정부(GNA)가 운영되고 있지만, 칼리파 하프타르가 이끄는 무장세력과의 산발적인 무력 충돌로 리비아의 상황은 여전히 불안하다.

아랍 세계의 카리스마 넘치는 지도자로서 나름 공적도 많고 비록 상대적이긴 하지만 다른 독재자들에 비해 부정부패의 정도도 덜했던 카다피는 왜 그토록 잔혹한 최후를 맞이했을까?

장기독재. 이것이 카다피의 최대 패착이다. 무려 42년간의 독재는 다른 여타 공적들을 아무리 미화해도 변명의 여지가 없다. 고인물은 필히 썩는다는 교훈을 현재진행형 독재자들이 한 번이라도 귀담아들었으면 좋겠다.

　세상에 선량한 독재가 없듯 세상에는 선량한 장기 집권도 없다.

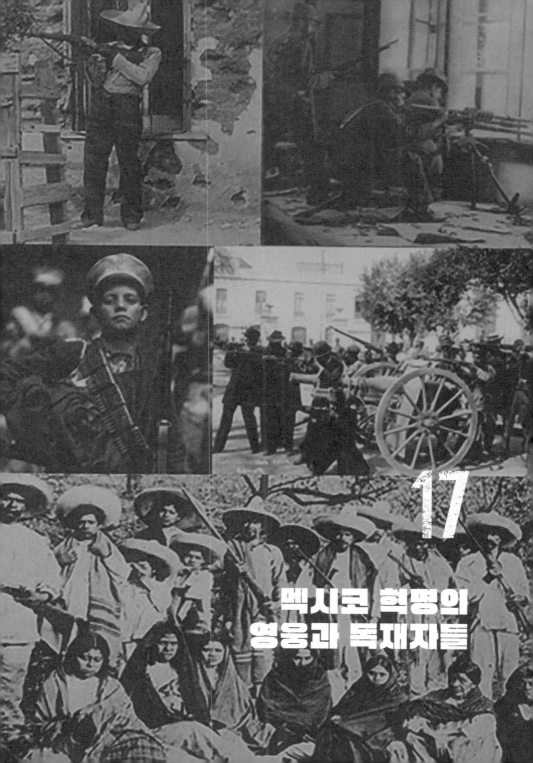

17

멕시코 혁명의
영웅과 독재자들

　역사상 가장 유명한 혁명으로는 1789년 프랑스 혁명과 1917년 러시아 혁명을 들 수 있다. 여기에 1910년 멕시코 혁명에 대해 알고 있다면, 혁명사(革命史)에 관한 한 대단한 자부심을 가져도 된다. 특히 멕시코 혁명은 쿠바혁명, 칠레 아옌데 혁명과 더불어 중남미 3대 혁명의 맏형 격에 가깝다.

　대부분의 사람들에게 다소 낯설게 느껴질 멕시코 혁명을 이해하기 위해서는 우선 두 사람의 이름부터 기억하자. 에밀리아노 사파타(Emiliano Zapata Salazar)와 포르피리오 디아스(Porfirio Diaz). 한 사람은 혁명의 주인공이고 다른 한 사람은 혁명에 의해 무너진 독재자다.

　포르피리오 디아스는 의욕적으로 개혁을 추진하던 베니토 후아레스 대통령이 사망하자 1877년 무력으로 정권을 탈취해 대통령

　　　　　　　　　　　　　　　멕시코 혁명의 영웅과 독재자들

에 오른 인물이다. 그는 군과 경찰을 기반으로 강력한 중앙집권적인 독재 체제를 구축했는데, 그 명분은 사회질서 회복과 경제 재건이었다. 독재자의 독재 공식은 여기에서도 유효하다.

특히 디아스 정권은 경제개발의 핵심으로 외국자본의 유치를 통한 산업화에 방점을 두고 있었다. 칠레 피노체트 군부독재의 경제적 배경에 미국의 시카고학파가 있었던 것처럼 당시 디아즈 경제 드라이브의 핵심 세력은 일명 시엔티피코(Cientifico)[17]라고 불리는 일군의 경제관료들이었다. 그리고 시엔티피코가 이름 그대로 '과학적'이고 '실증적'인 경제개발을 강조하며 내놓은 첫 작품이 바로 토지조사사업이었다.

일제 강점기 토지조사사업이 그랬던 것처럼, 개혁을 명분으로 내세운 디아스 정권의 토지조사법은 원주민 토지의 강제 점유와 이를 통한 백인 대지주의 독점적 수탈을 가능케 했다. 결국 원주민 공동체는 급속히 붕괴가 되고, 원주민은 하루아침에 경작할 땅을 잃고 길바닥에 나앉는 신세가 되었다.

토지조사법과 이주지 개척법으로 국가에 귀속된 토지는 경매를 통해 투기꾼들에게 넘어갔다. 이로 인해 일명 '아센다도(Hacendado)'라고 불리는 대지주의 토지 독점 현상은 갈수록 심화가 됐다. 예를 들어 1910년 혁명이 임박할 무렵 멕시코 전체 토지의 97%를 830여 명의 아센다도가 소유하고 있었으며, 심지어 치와와주의 테라사스 가문은 18만 7,921개의 농장에 196만 6,184

헥타르의 토지를 소유할 정도였다. 이 크기는 벨기에와 네덜란드를 합친 것보다 더 넓은 것으로 이 가문의 땅을 통과하려면 기차를 타고 하루를 꼬박 달려도 모자랄 지경이었다.[18]

록 허드슨과 엘리자베스 테일러가 주연한 영화 〈자이언트〉에도 텍사스에 광대한 영토를 가진 목장주 베네딕트 가문의 이야기가 나온다. 이 목장주 가문이 소유한 토지는 59만 에이커가 넘는 것으로 나오는데, 이 광대한 토지 또한 미국인들이 멕시코인들에게 1에이커당 5센트라는, 정말 말도 안 되는 헐값에 사들인 것이다. 사실상 강탈이라 해도 틀린 말은 아니다. 도둑놈이 멕시코 백인 농장주에서 미국의 양키 농장주로 바뀌었을 뿐이다.

결국 토지를 상실한 원주민들은 아시엔다(hacienda)라고 불리는 대농장에서 일하는 농업 노동자로 전락한다. 그 숫자는 당시 멕시코 전체 인구의 88.4%에 이를 정도였다. 이처럼 전통적인 원주민 공동체에서 이탈한 농업 노동자를 '뻬온(peon)'이라 부른다. 더구나 일부 농장주들은 임금을 농장 내부에 있는 매점에만 교환할 수 있는 전표로 지급함으로써 뻬온이 농장에서 벗어날 수 있는 길을 아예 봉쇄해 버렸다.

이들 노동자 상당수는 심지어 농장주에게 빚을 지고 노예 신세로 전락하는 경우도 다반사였다. 생전에 다 갚지 못한 빚은 자식들에게로 대대로 이어지면서 자식들마저 농장에 예속된 노동자나 노예의 신분을 벗어나지 못하는 악순환이 반복됐다. 이런 엉터리 개혁을 주도한 디아스 정권과 소수 농장주 지배계층에 대한 분노가 마침내 1910년 멕시코 혁명으로 폭발한 것은 어쩌면 당연한 결과였다.

디아스 정권 초기에는 대규모 외자 유치와 개발로 나름의 경제성장을 이룬 것은 사실이다. 게다가 거듭되는 혼란에 진저리가 난 대중들에게 디아스의 강력한 리더십은 질서를 찾아가는 과정으로 인식되기도 했다. 결국 1884년 대통령 선거에서 재선에 성공한 디아스는 1890년에는 아예 무제한 중임이 가능하도록 헌법을 뜯어고친다. 고질적인 장기 집권 병이 돈 것이다.

누군가는 디아스의 폭주를 막아야 했다. 이때 등장한 인물이 바로 프란시스코 마데로(Francisco Madero)이다. 마데로는 멕시코에서 손꼽히는 명문 가문 출신의 지식인으로 실제로 그의 집안은 디아스 독재 정권기에 막대한 경제적 이득을 챙긴 사업가 집안이다. 1878년 출생한 마데로는 프랑스와 미국에서 공부하며 서구식 자유주의 사상을 습득했고 귀국 후에는 대농장에서 열악한 상황에 고통받는 노동자의 삶에 깊은 관심을 가지게 된다. 어찌 보면 마데로는 러시아 혁명 전 나름의 개혁을 추진하려 했던 나로드니키 운동가나 재벌 사업가이면서 노동자의 삶을 개선하려고 노력했던 카네기 혹은 록펠러 같은 인물이기도 했다. 마데로는 디아스 정권이 독재 체제라는 사실을 인정하고 분노했지만, 그의 개혁 방향은 민중에 대한 교육과 점진적인 처우 개선에 있었지 결코 과격하고 급진적인 혁명에 있지는 않았다.

1905년 마데로는 시장 선거와 주지사 선거에 출마함으로써 얌전한 귀족 도련님에서 온건 개혁을 진두지휘하는 현실정치인으로의 변신에 도전하지만, 디아스 정권이 자행한 부정 선거로 고배를 마신다. 마데로는 이에 굴하지 않고 디아스의 퇴진을 요구하는 정치활동을 이어 가다가 마침내 1910년 4월에는 디아스 정권에 반대하는 세력이 모인 통합전당대회에서 대통령 후보로 선출된다.

정권 연장에 실패할지도 모른다는 불안을 느낀 디아스는 결국 마데로를 반란 혐의로 체포하는 무리수를 둔다. 그리고 마데로가 수감된 상태에서 실시된 대통령 선거에서 자신의 여섯 번째 재선에 성공한다. 그동안 폭력만큼은 안 된다고 주장했던 온건 개혁파 마데로도 이 시점에 생각을 바꾸게 된다. 그리고 혁명의 드라마는 산 루이스 포토시 감옥에 수감돼 있던 마데로가 탈출에 성공해 미국으로 건너감으로써 더 흥미진진해진다. 마데로는 이제 본격적인 투사로 변신한다. 그는 1910년 10월 5일 혁명의 대의를 담은 '산 루이스 포토시 강령'을 발표하고 11월 20일에는 조국과 자유를 위해 전 멕시코 민중이 봉기할 것을 요청한다. 이에 부응하여 멕시코 전역에서 민중 시위가 들불처럼 번지고 무장봉기로까지 이어지자 마침내 1911년 5월 11일, 디아스는 사임을 결정하고 유럽으로 망명길에 오른다. 디아스 사임 한 달 후인 1911년 6월 7일, 디아스를 퇴진

멕시코 혁명의 영웅과 독재자들

시킨 마데로는 멕시코 시티에 입성해 수십만의 인파에 둘러싸인 채 디아스 독재의 종언을 선언한다. 그리고 같은 해 11월 선거를 통해 대통령에 취임한다.

　여기서 멕시코 혁명이 끝이 났다면, 참으로 다행이겠지만, 멕시코 혁명은 절반의 성공을 거둔 채 아직은 미완으로 남는다.

마데로 개혁의 한계

　독재자를 몰아내고 정권을 잡은 마데로의 개혁에는 두 가지 커다란 한계가 존재했다.

　첫째는 제대로 된 과거청산에 실패했다. 마데로는 안정적인 정권 이양을 이유로 디아스 정권기 활동했던 관료들을 유임하거나 사면함으로써 과거 독재정권의 유산을 물려받았다는 오명을 떠안았다. 무엇보다 국민들 불만의 핵심인 토지개혁에 미온적이거나 더 나아가 개혁의 의지가 없음을 드러냈다. 이유는 분명하다. 마데로 자신이 대지주 출신의 기득권자라는 사실이다. 일종의 토착 지주이자 토호 세력인 까우디요(caudillo)의 눈치를 보느라 토지개혁 법안은 마데로의 책상 안에서 오랫동안 잠을 자고 있었다.

　둘째는 혁명을 지지하고 지원했던 사파타의 혁명군 해체를 주장하면서 내부의 분열을 야기했다는 점이다. 결국 자신의 권력 기반을 스스로 약화시키고 정권 유지에 필수적인 군사력을 스스로 놓아 버린 꼴이 되고 말았다.

과거청산 실패와 토지개혁과 같은 개혁법안의 유보, 무엇보다 혁명군의 해체는 마데로의 이상주의적인 개혁이 낳은 한계를 보여 주는 것으로, 마데로를 훌륭한 사상가이자 이론가로 볼 수는 있지만 진정한 혁명가로 평가할 수 없는 이유이기도 하다.

이젠 미완의 혁명, 반쪽짜리 혁명의 과제는 농민군의 지도자 사파타의 손으로 넘어간다.

사파타, 멕시코 혁명의 영웅

◇◇◇◇◇◇◇◇

'원주민 공동체의 수호자'라고 불리는 에밀리아노 사파타(1879~1919)는 멕시코 모렐로스주의 원주민 공동체 출신으로 그는 무엇보다 토지개혁을 혁명의 최우선 과제로 삼았다. 그는 어려서부터 원주민들의 핍박과 고통을 자신의 눈으로 직접 확인하고 직접 몸으로 겪으면서 성장했다. 이런 점에서 보면 책상머리 위에서 혁명을 배운 마데로에 비해 혁명의 의미를 더 잘 알고 있었다.

그가 살던 모렐로스주는 식민지 초기부터 사탕수수를 재배하기 위한 대규모 아시엔다가 운영되었고, 멕시코 혁명이 일어나던 무렵인 1910년경에는 17개의 토착 가문이 37개의 대농장을 소유하고 있었다.

1910년 10월 5일 마데로가 '산 루이스 포토시 강령'을 발표하고 혁명을 일으키자, 사파타는 강령 속에 포함된 토지개혁 가운데 "법의 남용으로 취득된 토지를 조사하여 원래 소유자에게 반환한다"라는 항목에 주목한다.

사파타는 마데로의 혁명에 가담하기로 결심하고 1911년 자신이 조직한 농민군을 이끌고 디아스의 정부군에 맞서 무력투쟁을 전개한다. 사파타의 활약을 전해 들은 마데로는 사파타를 남부군 총사령관으로 임명함으로써 사파타는 명실공히 혁명군의 지도자로서 명성을 날리기 시작한다.

사파타와 마데로의 갈등은 전술한 바와 같이 디아스의 사임 이후 새로운 정권을 세우는 과정에 마데로가 사파타의 혁명군을 배제하면서 시작됐다. 심지어 과도정부의 일부 세력은 사파타의 혁명군을 사회통합을 방해하고 질서를 어지럽히는 '산적 떼'로 비유하기도 했다. 밥상은 사파타가 다 차려 줬는데, 이제 와 얼치기 혁명가들이 밥상을 엎으려고 하는 것이다.

결국 토지 기득권을 엄호하면서 정치적인 개혁에 주안점을 둔 마데로와 혁명의 근거가 된 토지개혁을 최우선 과제로 삼은 사파타 간에는 좁혀질 수 없는 간극이 존재하게 됐다. 이제 더 이상 사파타에게 마데로는 혁명동지가 아니라 타도해야 할 적이 된 것이다. 사파타는 1911년 11월 25일 '아얄라 강령'을 발표하고 마데로 정권에 대한 투쟁과 토지개혁에 대한 비전을 밝힌다. 이로써 두 세력은 완전히 갈라서게 되었고, 사파타의 농민군과 마데로의 연방군 사이에 피비린내 나는 내전이 벌어지게 된다.

마데로의 최후와 카란사의 등장

◇◇◇◇◇◇◇

디아스 정권의 썩은 상처를 완전히 도려내지 못한 마데로는 결국 스스로의 위기를 자초했다. 1913년 디아스의 추종 세력 가운데 한 명이었던 빅토리아노 우에르타(Victoriano Huerta)가 군사 쿠데타를 일으킨 것이다. 우에르타의 반혁명 세력은 마데로를 긴급 체포했고, 마데로는 결국 연방 교도소로 이송하는 차 안에서 권총으로 살해당하는 비극적인 운명을 맞이한다. 만약 마데로가 디아스 정권이 무너졌을 때 군부와 행정부 그리고 의회를 완전히 해체 재조직하여 자신의 기반을 다졌더라면, 그리고 혁명의 기반이 됐던 사파타의 혁명군을 강제 해체하지 않고 반혁명 세력을 견제하는 데 이용했다면 이처럼 허망하게 반혁명 세력에 의해 와해되지는 않았을 것이다.

멕시코 혁명의 영웅과 독재자들

혁명과 반혁명, 반혁명에 대한 또 다른 혁명은 마치 꼬리에 꼬리는 무는 방식으로 일어났다. 이번에 우에르타 정권에 반기를 든 인물은 코아우일라주의 주지사였던 베누스티아노 카란사(Venustiano Carranza)였다. 그는 1913년 3월 26일 '과달루페 강령'을 발표하여 불법적인 우에르타 정권을 타도할 헌정군의 최고사령관에 오른다.

이때 카란사가 한 유명한 말이 있다.

"혁명에서 양보하면 그것은 자살 행위입니다."

카란사는 전임 마데로의 미온적인 혁명 과정을 지켜보며, 어설픈 양보가 초래할 무서운 결과를 알고 있었던 것 같다. 반(反) 우에르타 투쟁에 카란사와 함께 주목할 인물은 바로 프란시스코 비야(Francisco Villa)이다. 그의 본명은 도로테오 아랑고(Jose Doroteo Arango)이지만 세간에는 별칭인 '판초 비야'로 더 유명한 인물이다.

판초 비야는 1878년 멕시코 북부 두랑고주의 산골 마을 가난한 소작농 집안에서 태어났다. 워낙 가난해서 학교 근처에도 가지 못해 글을 쓰고 읽을 줄을 몰랐던 비야였지만 어려서부터 대지주의 횡포와 착취에 신음하는 농민의 고통을 뼈저리게 체험하고 있었다. 디아스 독재 시절, 판초 비야는 소규모 의용군을 조직해 북부 지역에서 나름의 전과를 올리며 남부의 사파타와 함께 명성을 쌓아 가기 시작한다.

율 브리너와 찰스 브론슨이 주연한 〈풍운아 판초 비야(Villa Rides, 1968)〉는 멕시코 혁명기 판초 비야의 활약상을 담은 영화이기도 하다. 1913년 2월 18일 우에르타의 군사 쿠데타로 마데로 대통령이 살해됐다는 소식을 접한 비야는 불과 몇 달 만에 9천여 명을 모아 일명 '북부군단'을 결성하고 우에르타의 반혁명 세력에 맞서 싸운다.

우리는 여기서 묘한 역사의 데자뷔를 발견한다. 사파타와 마데로의 관계를 비야와 카란사의 관계에서 다시 보게 된 것이다. 사파타와 비야가 전형적인 농민 출신의 흑수저에서 출발해 자수성가형 혁명 지도자로 성장했다면, 마데로와 카란사는 전형적인 지배계급 출신의 지식인이라는 점 말이다. 마데로와 사파타의 관계가 동지에서 적으로 변하며 파국에 이른 것처럼, 비야와 카란사의 관계도 나중에 틀어지게 되는데, 여기에는 카란사의 배신과 탐욕이 크게 작용한다.

무엇보다 대지주의 아들로 태어나 엘리트 정치인의 길을 걸어온 카란사와 가난한 농민의 아들로 태어나 산적질을 일삼던 비야는 혁명에 대한 개념부터 달랐다. 비야에게 혁명이란 가난한 사람들의 삶을 향상시키기 위한 사회 운동이었던 반면에, 카란사에 혁명이란 자신의 권력을 잡기 위한 하나의 수단에 불과했던 것이다.

비야의 급속한 부상과 인기는 카란사에게는 매우 불편한 일이었다. 향후 권력투쟁에서 비야와 치러야 할 경쟁이 카란사는 내심 부담스러웠다. 결국 비야를 견제하고 더 나아가 그의 영향력을 줄이는 방안을 모색하기 시작한다. 이제 혁명전쟁은 혁명군과 우에르타 반혁명군의 싸움이 아니라 카란사와 비야의 권력투쟁으로 변질된 것이다.

멕시코 혁명의 성과와 과제들

◇◇◇◇◇◇◇◇

비야의 혁명적 열정은 순수했지만, 그의 불같은 성격과 예측할 수 없고 통제하기 어려운 기질은 때론 잔혹한 결과를 낳기도 했다. 미국은 이런 통제 불능의 지도자를 원치 않았다. 결국 1915년 10월 19일 미국이 카란사 정부를 승인함으로써 길고 긴 내전은 카란사의 승리로 막을 내린다. 내전을 승리로 이끈 카란사는 1916년 9월 지방선거를 실시하며 정권의 정상화에 나서고 1917년 5월 1일, 마침내 대통령에 취임한다.

멕시코 혁명의 최대 결실은 제헌의회를 통해 만들어진 '1917년 헌법'이다. 이 헌법에는 혁명의 단초가 된 토지개혁을 비롯해 멕시코의 현안을 말해 주는 중요한 내용들이 담겨 있다. 특히 127조에는 일일 여덟 시간 노동과 주 1일 휴식을 기본으로, 여성과 임산부의 보호, 최저 임금제 실시, 노동조합 구성권 및 노동쟁의권 부여, 무단 해고 금지 등 노동자의 권익을 보호하기 위한 다양한 내용들이 담겨 있다. 이 정도의 과감한 개혁적 내용은 1917년 볼셰비키

혁명 지도자들에게도 놀라운 것이었고, 당시로서는 세계에서 가장 진보적인 노동 관련 조항이었다.

카란사의 반개혁적인 성향은 이런 진보적인 법률 내용을 무력화하거나 퇴행시키는 결과를 가져오기도 한다. 예를 들어, 치와와주의 토지 중 3분의 1은 혁명군에게 몰수됐지만, 카란사의 명령으로 이전의 지주이자 멕시코 최고의 갑부 중 하나인 테라사스 가문에게 반환되기도 했다. 1919년 3월 17일, 사파타는 '멕시코 시민 카란사에게 보내는 편지'라는 전단을 통해 카란사가 혁명의 대의와 정신을 훼손했다며 강력하게 비판했다. 이제 권력을 쟁취하고 최후의 승자가 된 카란사에게 자신을 비판하고 견제하는 사파타는 눈엣가시 같은 존재가 되어 버렸다. 결국 카란사는 자신의 심복 곤잘레스 장군을 보내 사파타를 암살하기에 이른다.

카란사는 권력 쟁취에는 성공했지만, 결국 혁명의 과실만 탐냈던 정치꾼으로 몰락했고, 권력 쟁취에는 관심이 없었지만 결국 혁명의 결실을 멕시코 민중에게 선사한 사파트는 진정한 혁명가로 남게 됐다.

멕시코의 국민 작가라 불리는 옥타비오 빠스(Octavio Paz)는 그의 저서 『고독한 미로』에서 사파타를 다음과 같이 평가했다.

"사파타는 현실과 신화가 하나로 연결되어 우수에 차고 열정적이며 희망이 넘치는 한 인간으로 인생을 살았으며, 살아 있을 때처럼 죽

멕시코 혁명의 영웅과 독재자들

을 때도 대지를 품고 숨을 거뒀다. 그는 대지처럼 인내 속에서 풍요로움을, 침묵 속에서 희망을, 죽음으로부터 부활을 바라보았던 인물로 우리에게 영원히 기억될 것이다."

그렇다면 카란사는 최후의 승자로 남았을까?

멕시코 혁명은 끝까지 반전의 반전, 혁명과 반혁명의 순환적인 알레고리를 선사한다. 점점 디아스 정권을 닮아 가는 카란사의 폭주를 지켜보던 그의 심복 가운데 한 명인 알바로 오브레곤(Alvaro Obregon)에 의해 축출당한 카란사는 탈출을 시도하다 1920년 5월 21일 새벽 습격을 받아 현장에서 사망한다. 멕시코 혁명은 일단 여기까지다.

이쯤에서 독자들은 오브레곤의 운명에 대해 더 이상 궁금하지 않을 것이다. 멕시코 혁명 기간 동안 무려 150~200만 명이 목숨을 잃었다. 이는 멕시코 전체 인구의 8분의 1에 해당하는 수치다.

일부 학자들은 멕시코 혁명을 두고 '보수 세력의 부르주아적 혁명'이라고 평가 절하하지만 멕시코 사회를 이끄는 주축이 기존의 소수 백인 끄리오요(criollo)에서 메스티소로 확대가 된 점, 1917년 헌법을 통해 광범위한 개혁이 이뤄진 점 등은 결코 과소평가할 수 없는 성과들이다.

멕시코가 가면을 벗는 날

◇◇◇◇◇◇◇◇

멕시코 남부 산간 지역 치아파스주 마을 입구에 들어서면 세 명의 혁명가 얼굴이 그려진 대형 벽화와 마주하게 된다. 세 명의 혁명가란 체 게바라와 에밀리아노 사파타 그리고 사파타의 멕시코 혁명 정신을 계승한 마르코스 부사령관이다.

치아파스주는 멕시코에서도 가장 고립되고 가장 가난하며 소수민족 인구도 가장 많은 곳이다. 지난 1994년 사파타의 혁명 정신 부활을 기치로 내건 사파티스타 민족해방군(EZLN)이 결성된 이유이다. 이들 사파티스타(Zapatista)는 1994년 1월 1일부터 12일간 멕시코 정부군을 상대로 무장 투쟁을 벌였다. 수십 명의 희생자를 낳고 사실상 정부군에 진압돼 밀림 속으로 다시 숨어들어 갔지만 세계 진보 진영에 커다란 영감과 울림을 남겼다. 사파티스타 운동을 이끈 마르코스 부사령관은 검은 스키 마스크와 파이프를 문 독특한 스타일로 체 게바라에 버금가는 일약 세계적 '스타' 반열에 올랐다. 가면을 언제 벗을 것이냐는 기자의 질문에 그는 "멕시코가 가면을 벗는 날"이라고 답해 사파타의 후계자임을 다시 한번 확인시켜 줬다.

그런데, 마르코스가 사령관이 아닌 부사령관인 이유는 무엇일까? 진짜 숨은 사령관이라도 따로 있었던 것일까?

진짜 사령관은 바로 치아파스주 원주민이다. 마르코스 부사령관은 민의를 따르는 종복이며 집행자일 뿐이다. 사파티스타의 제1강령은 "민중이 질서를 만들고 정부는 이에 따른다"이다. 정부가 질서를 만들고 국민은 따른다는 우리의 일반 상식에서 벗어나 있다는 점에서 신선함을 넘어 충격적이다. 이것이 진짜 혁명의 정신이다.

무엇보다 사파타와 같은 헌신적인 혁명가가 있었다는 사실, 혁명은 아직 끝나지 않았다는 사실을 잊어서는 안 된다. 여전히 현재진행형인 혁명을 누가 실패했다 말할 수 있겠는가.

18

페르디난드 마르코스
FERDINAND EMMANUEL EDRALIN MARCOS
(1917~1989)

페르난도 마르코스 전 대통령은 1965년부터 1986년까지 21년간 장기 집권한 필리핀의 독재자이다. 그는 임기 만료를 앞둔 1972년 비상계엄을 선포해 국회를 해산하고 장기 집권의 기반을 마련하는데, 이때 선포된 비상계엄은 1981년까지 무려 9년간 유지가 된다. 이런 장기적인 비상계엄은 세계에서 그 유례를 찾아보기 힘들다.

이 기간 동안 민주화를 요구했던 수많은 정치인과 시민 학생들이 투옥되거나 죽임을 당했다. 공교롭게도 마르코스가 비상계엄을 선포하던 무렵 대한민국의 박정희 대통령도 10월 유신을 통해 영구집권의 야망을 노골화했다.

1986년 필리핀의 민주화 운동은 대단했다. 이른바 '피플 파워(people power)'라 불렸던 당시 필리핀 민주화 운동은 우리나라의 8·7 민주화 운동을 비롯해 주변 국가들의 민주화 투쟁에 커다란 영감과 영향을 주기도 했다. 마르코스의 독재에 맞서 싸우던 야당 지도자 베니그노 아퀴노(Benigno Aquino)가 1983년 귀국 길 공항에서 피살되면서 촉발된 민주화 운동은 필리핀 전역에서 마르코스의 하야를 요구하는 대규모 반정부 시위로 번졌다.

아키노의 장례식에는 수많은 군중들이 모여 독재자 마르코스를 규탄했고, 거리에는 아키노를 추모하는 노란 리본 물결이 일었다. 이렇게 시작된 필리핀 민주화 운동은 결국 독재자 마르코스를 권좌에서 내려오게 했다. 1986년 2월 25일, 국민의 뜻에 무릎을 꿇은 마르코스와 그의 일가가 미국이 제공하는 헬기를 타고 하와이로 망명함으로써 21년간의 철권 독재는 종식된다.

마르코스는 망명지 호놀룰루에서 그의 가족들과 호의호식을 누리다 1989년 1월 15일 폐렴 증상으로 입원한 후 같은 해 9월 28일 72세의 나이에 사망한다. 끔찍하게도 그의 시신은 방부처리 된 후, 미라로 만들어져 유리관에 전시되기도 했다.

필리핀 국민들의 가슴에 커다란 고통과 트라우마를 남기고 마르코스는 떠났지만, 그로부터 26년이 흐른 지난 2022년, 막을 내렸던 독재자 마르코스의 그림자가 다시 어른거리기 시작했다.

지난 2022년 5월에 치러진 필리핀 대통령 선거에서 아버지 마르코스의 이름을 그대로 계승한 그의 아들 페르난도 마르코스 주니어, 애칭으로는 '봉봉 마르코스'가 필리핀의 제17대 대통령에 당선됐기 때문이다. 미국의 케네디가나 인도의 정치 명문 네루가 등처

럼 통상적인 정치인 2세의 성공으로 치부할 수도 있지만 필리핀 정
치문화에서 그의 당선은 많은 것을 시사한다.

　필리핀에서 정치 엘리트 가문의 대를 이은, 일종의 족벌정치는
필리핀 정치문화의 후진성을 그대로 드러낸다. 그리고 이런 정치문
화의 기원은 스페인 식민 시절로 거슬러 올라간다.

　필리핀이라는 나라의 이름은 스페인의 군주 펠리페 세군도
(Felipe Segundo), 영어식으로는 필립 2세의 이름에서 유래했다.

　스페인의 식민지가 된 필리핀에는 기대했던 만큼의 금이나 비단,
향신료가 없었다. 당연히 식민제국 스페인은 크게 실망한다. 하지
만 곧 다른 방도의 이용 가치를 찾았는데, 중국의 비단과 도자기를
중남미의 은과 바꾸어 무역으로 돈을 버는 중계무역의 기지로 필리
핀을 활용하기 시작한 것이다. 하지만 19세기 들어 중남미의 식민
국들이 하나둘 독립하면서 쏠쏠하게 재미를 보던 중계무역도 몰락
하기 시작한다. 결국 스페인의 식민세력은 필리핀에 대농장 중심의
플랜테이션 농업을 집중적으로 육성한다. 그리고 이때 동원된 세력
이 바로 필리핀의 토착 세력들이다.

　당시 스페인 제국의 통치자들은 식민 지배에 협조하는 토착 귀족
들에게 보답의 성격으로 땅을 나누어 주었는데, 이들은 수백 년간
이런 기득권을 유지한 채 대지주와 농장주로 필리핀의 새로운 지배
계급으로 군림하게 된다. 이들이 소유하고 있는 토지는 필리핀 전

페르디난드 마르코스

체의 70% 이상을 차지하고 있다.

문제는 1898년 미국-스페인 전쟁의 패배로 스페인 식민 지배가 끝나고 필리핀을 점령한 미국의 통치가 시작된 이후에도 그 흔한 토지개혁이나 계급적 변화를 불러올 만한 사회개혁이 전무하다시 피 했다는 점이다.

비록 불완전하지만, 한국과 대만이 해방 이후 실시한 토지개혁을 바탕으로 전근대적 생산방식에서 탈피한 것과는 크게 대조가 되는 부분이다.

19세기 들어 필리핀에도 민족주의 바람을 타고 독립운동이 본격 적으로 시작됐다. 1898년 미서 전쟁에서 미국이 승리하면서 필리 핀의 지배는 스페인에서 미국의 손으로 넘어갔다. 하지만 필리핀은 미국에 전쟁을 선포하고 결사 항쟁에 나선다. 1898년부터 1902년 까지 미국은 이 전쟁에서 미군 20만 명을 참전시켜 4만 3천 명이 사망하는 막대한 피해를 입는다. 물론 필리핀의 피해는 이보다 더 컸지만, 미국은 생각보다 길어진 이 전쟁의 수렁에서 벗어나 필리 핀을 지배하기 위해서는 일본의 양해가 그 어느 때보다 필요했다.

미국의 루스벨트 대통령은 1905년 7월, 그의 측근으로 후일 자 신의 뒤를 이어 대통령직에 오르는 육군성장관 윌리엄 태프트 (William Taft)를 일본으로 보내 일본의 내각총리대신 겸 외상 가쓰 라 다로와 극비리에 밀약을 맺도록 한다.

이것이 바로 조선과 필리핀의 운명을 가른 '가쓰라-태프트 밀약'이다. 잘 알다시피 이 밀약의 핵심은 미국이 조선에 대한 일본의 이권을 보장하는 대신, 일본은 필리핀에 대한 미국의 이권을 보장한다는 것이다.

결국 필리핀은 미국에 패하고 1946년 독립할 때까지 미국의 식민 통치를 받는다. 독립을 앞둔 전환기 필리핀에도 결정적인 기회가 있었지만, 이때도 토지개혁과 같은 근본적인 변화는 일어나지 않았다. 안정적인 권력 이양을 선호했던 미국은 한반도에서 그랬던 것처럼, 필리핀의 기득권 세력들에게 대부분의 권력을 양도했다.

페르디난드 마르코스(Ferdinand Marcos)는 1917년 9월 11일 필리핀의 사라트라는 곳에서 변호사이자 하원의원을 지내던 아버지 마리아노 마르코스와 교사이던 어머니 호세파 에드날린 사이에 태어났다. 금방 눈치챘겠지만, 마르코스는 전형적인 필리핀의 금수저 집안에서 태어나 성장했다. 1930년대 후반 필리핀 대학교 법학과를 졸업 후에는 변호사로 개업해 활동했고 그러던 중 제2차 세계대전이 발발하자 군에서 장교로 복무한다. 이때 마르코스는 일본군에 포로가 됐지만 우여곡절 끝에 간신히 탈출하는 데 성공한다. 마르코스는 향후 자신의 정치적 커리어를 포장하는 데 이때의 사건들을 적극적으로 활용한다. 자신이 2차 세계대전 중 일본에 맞서 게릴라전의 지도자로 활약했다는 것과 이 과정에 일본군의 포로가 됐으며, 기적적으로 포로수용소 탈출에 성공했다는 등의 주장이었다. 하지만 사실 그의 말을 뒷받침할 구체적인 증거는 없다.

1980년대 마르코스 정권의 붕괴 이후, 그의 실체를 폭로하는 여러 가지 저서들이 줄이어 발간되기도 했는데, 이 당시 미 정부의 기밀문서에 따르면 마르코스가 필리핀 장교로 있다가 일본군에 포로로 잡힌 것 말고 실제로 항일투쟁에 참여했다는 구체적인 증거는 거의 없으며 참여했다 하더라도 그 활동은 극히 형식적이었다고 한다.

아무튼 마르코스는 여러 가지로 운이 따르는 정치인이었다. 필리핀에서 유력한 가문에 태어난 것도 그렇지만, 항일경력을 부풀려 정계에 진출한 이후에는 대중적인 인지도를 바탕으로 마누엘 로하스 대통령 보좌관에 이어 필리핀 하원의원, 마닐라 시장 등 승승장구를 이어가다 마침내 1965년에는 필리핀의 대통령에 당선됐기 때문이다.

마르코스의 집권 1기에 필리핀의 경제성장률은 급격히 올라갔고 그의 인기도 고공행진을 이어 간다. 이를 바탕으로 마르코스는 1969년 대선에서는 61.5%의 득표율을 얻어 재선에 성공한다. 적어도 이때까지 마르코스를 전형적인 독재자로 부르기는 어려울 것 같다. 나름의 경제개혁을 바탕으로 성장의 기반을 마련했고, 국민으로부터 지지받아 재선에 성공한 지도자였기 때문이다. 하지만 마르코스의 본격적인 흑화는 재선 직후 불어닥친 필리핀의 금융위기로부터 시작된다. IMF로부터 구제 금융을 받고 페소화 가치 절하를 단행하면서 물가 상승과 대량 실업 사태가 발생한다. 이어진 소요로 필리핀 정국이 혼란에 빠지자 1972년 9월 23일, 마르코스는 계엄령을 선포하고 의회를 해산한 후 전국에 야간 통행금지령을 내려 본격적인 독재자의 길로 접어든다.

계엄령 직후 7곳의 TV 방송국과 27개의 신문사가 폐지되고 마르코스에 비판적인 외국 언론인도 추방되거나 비자가 거부된다. 반정부 집회를 주도하거나 참여한 학생들이 체포 영장 없이 체포돼 수감되고 마르코스에 반대한 지식인과 언론인들이 잔인한 고문을 당해 사망한다. 미국의 역사학자 알프레도 멕코이(Alfredo W. McCoy)는 1975년부터 1985년까지 필리핀에서 군에 의한 불법적 살인으로 3,257명이 사망하고, 3만 5천 명이 고문 피해를 입었으며 7만여 명이 투옥됐다고 주장했다.

불행한 일이지만 독재자도 진화한다. 고문과 살인의 방식이 다양해지고 정치적 조작과 회유도 정교해진다. 이제 아시아 최악의 독재자를 넘어 세계적 독재자 반열에 오른 마르코스는 1981년 6월 16일 대통령 선거에서 공갈, 협박, 매수 등 온갖 부정 수법을 동원한 끝에 무려 88%의 득표율을 얻어 3번째 연임에 성공한다.

오늘날 필리핀을 주도하는 지배층 대부분은 사실상 과거 봉건영주들이나 귀족, 혹은 지역 토호 세력들의 후손들이며 이러한 지배

구조는 와해가 된 적도 또 앞으로 와해될 기미도 보이지 않는다. 아니, 오히려 더 공고해질 가능성이 더 커 보인다. 다소 비관적인 이런 전망은 지난 2022년 대선의 결과로 다시 입증됐다.

물론 아들 마르코스와 아버지 마르코스는 다를 수도 있고 독재자 아버지 때문에 아들이 대를 이어 욕을 먹을 필요도 없다. 하지만 대선 기간 중, 아들 봉봉 마르코스는 아버지 때 발생한 비극적 사건에 대해 제대로 된 사과 한마디 한 적 없을 뿐 아니라 오히려 선친의 유업을 계승하겠다는 다소 황당한 꿈을 선거 공약으로 내세우기도 했다. 봉봉 마르코스의 대통령 취임식장에는 '사치의 여왕'으로 악명 높은 그의 어머니이자, 아버지 마르코스 전 대통령의 부인인 이멜다가 등장해서 화제가 됐다.

필리핀 미인대회 우승자 출신인 이멜다는 권력자 마르코스의 눈에 띄어 1954년 그와 결혼한 이후 마르코스의 조력자이자 공범으로 필리핀 민중의 고혈을 빨아 왔다. 특히 이멜다 마르코스는 이른바 화려한 '구두 컬렉션'으로 유명한데 그녀가 수집한 고급 구두만 수천 켤레에 이르는 것으로 알려져 있다.

2015년에는 이멜다가 소장했던 보석들도 경매에 나왔다. 그 가치가 무려 254억 원에 달하는 것으로 평가되는데 이는 빙산의 일각일 뿐이다. 이멜다는 부정부패 혐의로 법원으로부터 77년 형 선고를 받았지만 실제로 수감돼 옥중 생활을 한 기록은 어디에도 없다. 그리고 그녀는 여전히 건재하다. 부패 혐의로 기소된 이후에도 하원의원 3선에 성공했을 뿐 아니라 그녀의 아들은 현직 대통령이다. 이 밖에 그녀의 장녀 아이미 마르코스는 2001년 이래 일로코스 노르테 주지사에 이어 상원 의원에 당선됐고, 손주(아이미 마르코스의 아들)와 친족들 대부분이 정계와 재계 요직에 두루두루 진출해 그녀의 든든한 바람막이 역할을 하고 있다. 무엇보다 마르코스 일가가 필리핀 국민의 피와 땀을 빨아들여 축적한 부정 재산은 그야말로 천문학적 수준인 것으로 알려져 있다. 실제로 마르코스가 빼돌린 돈만 해도 1987년 기준으로 50억~130억 달러에 달하는 금액이라고 하는데, 이는 2022년 기준으로 130억~340억 달러, 우리 돈으로 약 16조~41조 원에 달하는 엄청난 액수이다.

이쯤에서 우리는 궁금해진다. 이렇게 당하고도 독재자의 업보를 다시 짊어지려는 필리핀 사람들의 선택을 말이다.

1980년대 이후, 필리핀의 민주화

◇◇◇◇◇◇◇◇

1983년 민주화 지도자 아키노 2세가 암살된 후 그의 부인인 코라손 아키노가 대통령 선거에 출마해 당선된다. 필리핀 제5공화국의 출범이다. 21년간 철권 통치하던 독재자 마르코스가 물러나고 맞이한 민주 정부라 필리핀 국민들은 그 어느 때보다 기대가 높았다. 하지만 아키노 대통령의 야심 찬 정치개혁에도 불구하고 가시적인 성과 대신 잦은 쿠데타와 소요가 발생해 경제적 위기를 겪기도 했다. 아키노 정부는 상대적으로 부패하지 않은 정부로 나름 긍정적인 평가를 받기도 하지만 필리핀의 근본적인 문제점인 극심한 빈부격차를 해소하는 데는 한계가 있었다.

코라손 아키노 대통령 이후로 라모스, 에스트라다, 아로요, 아키노 3세 등의 대통령을 거쳐 필리핀도 점진적인 민주화를 이루기는 했지만, 고질적인 치안 불안과 정치부패, 소수의 족벌 가문의 권력 독점 현상은 여전히 필리핀 민주주의를 좀먹는 청산 과제로 남아있다. 특히 필리핀이 떠안고 있는 모든 문제의 알파요 오메가인 토지개혁 문제는 기득권 세력인 소수 유력 가문의 조직적인 반대에 부딪혀 번번이 좌초를 거듭하고 있다. 심지어 이들은 사병 권력을 유지하면서 개혁파를 위협하고 암살하는 일까지도 서슴지 않는다. 가장 대표적인 사례가 암파투안이라는 족벌 가문이 정치적 반대 세력을 학살한 마긴다나오 학살사건이 있는데, 사법부도 이들 앞에서는 사실상 무력하기만 하다.

이런 배경에서 탄생한 인물이 바로 2016년 대선에 등장한 두테르테다. 필리핀 국민들은 그동안 켜켜이 쌓여 온 불신과 환멸을 한번에 속 시원하게 날려 줄 일종의 '해결사'가 필요했던 것이다. 결국 '필리핀의 트럼프'라고 불리는 두테르테는 2016년 대선에서 '부패와의 전쟁'을 내걸고 열광적인 호응을 받아 대통령에 당선됐다.

두테르테의 과격하면서도 때론 초법적인 태도가 국민들에게 먹힌다는 것은, 그만큼 그동안 쌓여 온 불신의 그늘이 깊다는 것이고 동시에 필리핀의 민주적 시스템이 정상적으로 작동하기 어렵다는 방증이기도 하다. 두테르테의 거칠 것 없어 보이던 개혁의 칼날도 정작 소수의 유력 가문들 앞에서는 무뎌지기만 했다.

전문가들은 필리핀의 이런 후진적인 정치 시스템을 일종의 '후견주의'라고 부른다. 유권자가 기득권을 밀어주면 기득권은 최소 생계를 보장하는 일종의 거래인데, 이 거래라는 것이 매우 불공정할 뿐만 아니라 사악하기까지 하다.

필리핀의 금수저 가문은 여전히 호의호식하며 대대손손의 영광을 누리고 있는데, 따지고 보면 두테르테 자신도 소수의 유력 가문 출신이기도 하다. 초록은 동색이라 했던가. 그의 딸인 세라 두테르테도 지난 2022년 대선에서 봉봉 마르코스의 러닝메이트로 출마해 현재 필리핀 부통령직을 맡고 있다.

필리핀의 빈곤율은 2021년 기준 18.1%이고 유니세프의 자료에 따르면 필리핀 5세 이하 아동의 32%는 영양실조에 따른 발육부진을 겪고 있다. 하지만 빈부격차는 점점 더 심화되고 있다. 필리핀의 빈부격차가 얼마나 심각한지는 필리핀의 하원의원인 조이 살세다(Joy Salceda)가 지난 2019년 작성한 보고서에 잘 나와 있다. 이 보고서에 따르면, 필리핀 전체 2,370만 가구 중 최빈곤층이 290만 가구, 저소득층이 870만 가구, 그리고 중하위층 가구가 760만 가구를 차지하며 무려 1,870만 가구가 '찢어지게 가난'하거나 그보다 덜 가난한 상태로 상습적인 빈곤 상태에 처해 있다.

반대로 중산층은 310만 가구, 중상위층은 120만 가구로, 허리에 해당하는 중산층이 부실하며, 상위 1%에 해당하는 극소수의 사람들이 필리핀의 부와 토지를 독점하고 있다는 사실은 첨언을 할 필요조차 없다.

빈곤층에 있는 많은 필리핀 여성의 경우 이웃한 홍콩이나 싱가포르, 말레이시아 등지에서 가사도우미로 일하는 경우가 늘어나면서 필리핀은 '가정부의 나라'라는 별칭이 생기기도 했다.

필리핀의 송출 노동자(OFW. Overseas Filipino Workers)는 전체 인구의 20%인 2천만 명에 달하는데 이들이 해외에서 필리핀 국내로 송금하는 금액은 2023년 기준 372억 달러에 이른다. 이는 필리핀 국민총생산의 10%에 해당하는 어마어마한 규모지만 대부분이 내수에 사용되고 필리핀 경제발전에 원동력으로 작용하기에는 한계가 있다고 전문가들은 분석한다.

국민은 해외에서 피땀 흘려 노력하지만, 그 과실은 여전히 소수 기득권의 몫인 나라.

별로 자랑스럽지 않은 이 현실에 과연 필리핀 지도자들은 일말 부끄러움을 느낄까. 80년대 필리핀 민주화의 상징인 '피플 파워'의 저력을 다시 한번 기대해 본다.

19

호스니 무바라크

HOSNI MUBARAK

(1928~2020)

© Quirinale.it

마흐무드는 2011년 2월 2일 무바라크 정권에 동조해 타흐리르 광장의 반정부 시위대에 공격을 가한 '타흐리르 광장의 기사단' 일 원이다. 타흐리르 광장의 기사단은 일종의 반혁명 혹은 친정부 호위대로 무바라크 대통령의 광적인 지지집단이다.

피라미드 인근 마을에서 관광객을 상대로 근근이 돈을 벌고 있던 마흐무드는 그 사건으로 인해 공개적으로 구타를 당하고 마을 주민들에게 배척당하며 굴욕적인 대우를 받는다. 심지어 마흐무드의 아이들은 학교에서 놀림을 받고 설 자리를 잃어버린다.

바로 그때 마흐무드는 자유롭고 현대적인 사고방식을 가진 언론인 림을 만나 '혁명의 이유'에 대해 깨닫게 된다. 이집트 영화〈혁명 이후〉'After the battle'은 이렇게 시작된다.

우선 이 영화의 배경이 된 무바라크 대통령의 퇴진과 관련된 사건들을 이해할 필요가 있다. 1981년 안와르 사다트 대통령의 암살 후 정권을 잡았던 무바라크는 무려 30년간 군사 철권통치를 이어왔다. 하지만 지난 2011년 2월, 이집트의 '아랍의 봄' 민중 봉기가 카이로의 타흐리르 광장에서 18일간 계속된 뒤 권력에서 축출됐고 두 달 뒤 구속, 수감됐다. 무바라크는 민중 봉기 당시 경찰과 공모해 타흐리르 광장에서 239명의 시위자를 살해한 죄로 2012년 종신형을 받았다.

철권통치의 무바라크가 무너지자 이집트에도 기존 정치 질서의 붕괴와 함께 법치와 민주의 대변화가 올 것으로 기대됐다.

하지만 권좌에서 쫓겨난 지 6년 만인 2017년 3월 24일, 수감 중이던 무바라크는 카이로 군사병원에서 석방돼 헬리오 폴리스에 있는 호화로운 자신의 맨션으로 귀가했다. 그의 석방은 현 엘시시 대통령의 지원이 없었다면 현실적으로 어려웠을 것이란 분석이 지배적이다. 2014년 취임한 현 압둘 파타 엘시시 대통령은 무바라크 정권 시절 정보기관 책임자였다.

사실 무바라크는 수감 후 민중 봉기 시위자에 대한 살해 명령에서부터 각종 부패 혐의로 여러 건의 재판을 동시에 받는 처지에 놓여 있었다. 사형 가능 죄목으로도 기소되고 또 수천만 달러의 추징금이 부과되는 판결을 받았지만, 판결 무효와 재심 명령이 이어졌다. 결국 사소한 부패 혐의 단 한 건에서만 유죄 판결이 유지됐다. 뉴욕 타임스는 30년 집권 동안 계속됐던 인권 침해와 만연된 부패에 대한 책임을 물으려던 이집트 국민의 노력이 결국 결실을 보지 못한 셈이라고 꼬집었다.

민주화 봉기 직후 들어선 무슬림 형제단이 주도하는 의회와 마무드 모로시 대통령 시절에만 해도 무바라크의 석방은 상상할 수 없는 일이었다. 그러나 2013년 7월 이슬람주의 정권이 이집트 대중의 지원을 받은 군부 쿠데타로 무너지면서 무바라크의 처지도 급격하게 바뀌었다.

호스니 무바라크는 1928년 5월 4일 이집트 왕국 무누피아 주의 작은 마을에서 태어났다. 전임 사다트 대통령도 같은 마을 출신으로 두 사람은 동향이다. 1949년 공군사관학교를 우등으로 졸업하고 공군 파일럿으로 본격적인 군 생활을 시작한 무바라크는 1950년대에는 소련으로 유학해 최신 전투기와 공군 전략을 수학한 후 이집트로 돌아와 1967년에는 칼루비아 주 사관학교 교장으로 취임한다. 이후 탁월한 업무 능력을 인정받아 나세르 대통령 시절에는 공군 참모총장으로 승진하고 이후 공군 사령관 겸 국방차관으로 승승장구한다.

그의 운명이 바뀐 것은 1974년 제4차 중동전쟁이 발발하면서부터다. 이때 무바라크는 이스라엘군을 몰아내고 시나이반도를 탈환

하는 데 혁혁한 공을 세워 이른바 확실한 눈도장을 찍는다. 특히 그를 국민적 영웅으로 만든 결정적인 사건은 1973년 10월 14일 만수르 공군기지 인근에서 벌어진 이스라엘 공군과의 공중전으로 무바라크가 지휘하는 이집트 공군은 절대적 약세에도 불구하고 이스라엘 공군을 격퇴하는 데 성공한다. 중동 전사(戰史)에서 이스라엘을 상대로 거둔 몇 안 되는 아랍 진영의 승리다.

지금도 이집트는 이날의 승리를 되새기며 이집트 '공군의 날'로 지정해 기념하고 있다.[19]

일약 국민적 영웅으로 부상한 무바라크는 1981년 사다트 대통령이 이슬람 근본주의자에 의해 암살당하자 그의 뒤를 이어 이집트의 제7대 대통령에 취임한다. 외교적으로는 사다트의 친미, 친이스라엘 노선을 계승해 중동 국가에서는 아랍 형제를 배신했다는 비판을 받지만 향후 중동분쟁에서 중재자 혹은 캐스팅보트권을 쥔 중요한 견제자 역할을 했다는 나름의 긍정적인 평가를 받기도 한다.

실제로 최근 이스라엘 하마스 분쟁에서 이집트는 가자지구 난민 수용을 거부해 국제사회로부터 비난받기도 했지만, 이스라엘의 가자지구 민간인 지역 공습에 대해서는 누구보다 강경한 목소리로 비판하고 있다.

이집트가 어려운 처지에 처한 가자지구 난민을 외면하는 이유는 잠시 후 후술하겠지만, 이집트도 지금 '제 코가 석 자'인 상황이기 때문이다. 지지부진한 경제발전과 과도한 인구 증가로 골머리를 앓고 있는 이집트가 200만이 넘는 난민을 받아들였을 경우 감당하기 어려운 상황에 처할 것은 불 보듯 뻔한 일이다.

사다트 대통령 암살 이후 권력을 잡은 무바라크는 대통령이 된 이후에도 계엄령을 해제하는 대신 아예 상설화해 버리는 악수를 둔다. 이를 계기로 무바라크는 본격적인 철권통치를 시작하는데, 카이로와 알렉산드리아 등 주요 대도시에는 무장경찰이 상주하며 시민들을 통제 감시하는 것이 일상화가 된다.

물론 무바라크 통치 기간 중 만족할 만한 수준은 아니지만 일정 부분의 경제성장이 이뤄지고 기대수명과 문맹률 개선에도 기여한 바가 있는 것은 사실이다.

하지만 독재는 늘 장기 집권의 욕망에서 그 싹을 틔운다. 대통령 선거 때마다 무바라크는 90%를 넘는, 그야말로 절대적인 지지를 받으며 당선됐지만 부정 선거 의혹 또한 끊이지 않았다. 실제로 선거인 명부를 조작해 이미 사망한 사람이 여당에 투표한 것처럼 조작했다는 의혹을 받기도 했다. 무엇보다 심각한 문제는 부의 집중 현상이다. 대부분의 부는 소수의 군부와 기업인 그리고 정치인들이 독점하고 있고 이집트 국민의 30%는 여전히 절대적 빈곤층에 속해 있다.

이집트는 세속주의를 추구하는 중동에서 몇 안 되는 나라 가운데 하나이다. 이집트를 여행해 본 사람들은 피부로 느끼겠지만, 이슬람 근본주의 국가에서 느껴지는 엄숙함이나 위압감 대신 상대적으로 자유로운 분위기가 느껴진다. 관광으로 먹고사는 나라이기 때문이기도 하지만 사다트 이후, 철권통치를 시행했던 무바라크 통치기간에도 이런 세속주의 기조는 유지가 돼 왔다. 당연히 이슬람 근본주의자의 눈에는 무바라크의 세속주의가 마음에 들 리가 없다. 이런 탓에 이슬람 근본주의자에 의한 몇 차례의 암살 시도가 있었다. 사다트와 달리 무바라크는 자신의 정보기관과 미국이 제공하는 첩보에 도움을 받아 수차례의 암살 시도를 넘겨 장기 집권의 페달을 더 가속화했다.

무바라크의 30년 통치는 중동뿐만 아니라 전 세계적으로도 탑 10위 안에 들 정도의 장기 집권이다. 시중에는 무바라크의 장기 집권이 얼마나 오래됐는지 상징적으로 보여 주는 사진이 화제가 되고 있다. 무바라크가 미국의 대통령들과 정상회담을 하며 찍은 사진들인데, 1981년 집권 후 미합중국 제40대 로널드 레이건 대통령을 시작으로, 41대 조지 H.W 부시 대통령, 42대 빌 클린턴 대통령, 43대 조지 W. 부시 대통령, 44대 버락 오바마 대통령까지 무려 30년을 그는 선수교체 없이 권좌에 앉아 있었다. '장기 집권이란 이런 것이다'를 보여 주는 극적인 사례이다. 필자의 경험에도 10대에 듣던 무바라크가 40대 중반이 돼서도 여전히 무바라크였던 기억이 난다. 물론 정상적인 민주주의가 작동하는 나라에서는 상상하기 어려운 상황이다.

앞에 잠깐 서술한 바와 같이 이집트의 인구는 꾸준히 증가해 지난 2020년에는 1억 명을 돌파했다. 이는 세계 14위의 수준으로 이집트도 이제는 엄연한 세계적 수준의 인구 대국이다. 인구 소멸 위기에 처한 우리 입장에서는 부러운 이야기지만 정작 이집트 당국은 현 상황을 달가워하지 않는다. 심지어 압델 파타 아시시 대통령은 인구 증가는 테러에 맞먹는 안보 위협이라며 출산 제한 조치까지 고려하겠다고 엄포를 놓고 있다. 이집트가 인구 증가 문제에 이토록 예민한 이유는 무엇일까?

먼저 과거의 화려했던 고대 이집트를 생각하면 안 된다. 현재의 이집트는 비옥한 나일강을 기반으로 번성했던 고대 최강의 제국이더 이상 아니다.

전체 인구의 3분의 1은 극빈층이고 7천만 명 정도의 사람들이 정부의 식량 지원 프로그램에 의존해 살고 있다. 인구는 기하급수적으로 증가하는데 교육 인프라가 워낙 부족하고 문맹률이 높다 보니, 자원이 될만한 고급 인력 양성에도 한계가 있다.

석유가 생산되는 나라지만 국내에서 재가공하는 기술이 부족해 해외에서 다시 수입하는 어처구니없는 경제구조에 의존하고 있다. 그나마 기대고 있는 것은 관광업인데, 코로나 이후 급감한 관광객

호스니 무바라크

이 원상회복하는 데는 시간이 걸리고 있고, 이집트의 또 다른 커다란 돈줄인 수에즈 운하 통행료는 연간 90억 달러에 이르는 어마어마한 액수지만 대부분 국가 부채를 갚는 데 소모되고 있는 실정이다. 이집트는 만성적인 적자로 지금까지 총 3차례의 IMF 구제 금융을 경험하고 있는 세계에서 몇 안 되는 나라 중 하나이다. 오랜 독재와 경제개발 실패로 만성 부채국으로 전락한 이집트. 산유국이지만 이웃 중동 산유국처럼 절호의 기회를 살리지 못하고 도약에 실패한 나라.

파라오를 꿈꿨을 무바라크의 30년 장기 집권이 남긴 초라한 성적표다.

2020년 2월 25일 이집트 국영방송은 호스니 무바라크 전 대통령이 사망했다고 보도했다. 향년 91세로 사인은 지병인 신부전 악화로 인한 합병증이다.

반 무바라크 정서를 고려해 국장 대신 이집트 국군장으로 치러졌지만, 장례식은 그의 죽음을 애도하는 추모객들로 가득했다. 독재자를 그리워하는 이런 현상은 동서고금을 막론하고 늘 벌어진다. 물론 무바라크의 공과를 꼼꼼히 따져봐야겠지만, 어찌 됐든 그는 역사상 최장기 집권 독재자 중의 한 명이고 불명예스럽게도 민중에 의해 쫓겨난 지도자로 역사에 기록될 것이다. 이집트 신화의 오시리스처럼 언제 다시 어떻게 부활할지는 모르지만 말이다.

나가는 말

절대 권력자들의 마지막은 살아 있을 때만큼 화려하지는 않았다.

태양왕 루이 14세. 그는 여러 가지 기록상의 정황으로 볼 때 당뇨병과 통풍, 류머티즘은 물론이고 항문 종기까지 늘 달고 살았던 다혈증 환자라고 볼 수 있다. 루이 14세의 직접적인 사인은 사냥을 나갔다 입은 상처가 아니라 이로 인한 다양한 합병 증세와 패혈증이었다고 후대의 전문가들은 분석한다.

그는 살아생전 단 음식을 즐기고 늘 과식했던 것으로 전해진다. 세상의 산해진미를 마음껏 먹을 수 있었던 절대 권력자에겐 너무나 당연한 일이었는지도 모른다. 하지만 그 대가는 혹독했다. 루이 14세는 지독한 치주염과 충치도 앓았다. 왕의 입 냄새가 어찌나 지독했는지 한 번 그의 입냄새를 맡은 사람은 평생 왕 근처에 가고 싶지 않았을 정도였다고 한다.

그나마 루이 14세는 운 좋게도 권력의 단맛을 다 누리고 떠났지만, 그 혹독한 유산은 루이 16세의 단두대 처형으로 막을 내린다.

달콤한 권력의 유혹을 물리치지 못했던 현대사의 독재자들도 비극적인 최후를 맞이했다. 무솔리니와 차우셰스쿠, 니콜라이 2세는 총살당했고, 사담 후세인은 교수형을 당했으며 카다피는 거리에서 맞아 죽었다. 스탈린과 폴 포트, 밀로셰비치는 급사했고, 히틀러는 자살을 선택했다. 그나마 목숨을 부지하고 망명을 떠난 시리아의 아사드나 필리핀의 마르코스, 쿠바의 바티스타는 운이 좋은 편이다.

폭정으로 나라를 망친 동양 군주의 비참한 사례는 두말할 필요도 없다.

이미 기울대로 기운 주(周)나라 왕실의 권위는 려왕(厲王)에 이르러 무너지고 마침내 백성들에 의해 왕이 쫓겨나는 사태에 이르게 된다.

려왕의 잘못은 여러 가지가 있지만, 가장 결정적인 잘못은 백성들의 언로(言路)를 막았다는 것이다. 왕을 비방하는 자들을 잡아들이자 백성들은 일시 입을 다물었지만, 불만이 쌓이고 쌓여 임계점을 넘어서자 사태가 걷잡을 수 없는 지경에 이른 것이다.

려왕이 불평불만을 늘어놓는 백성들을 잡아들여 여론을 잠재운 뒤 평소 자신에게 비판적이던 소공(召公)을 불러 그 사실을 자랑하자 소공은 기가 막혀 다음과 같이 말한다.

"백성들의 입을 막는 것은 강물을 막는 것보다 어렵습니다. 강물이 막혀 고이면 결과적으로 둑이 터져 큰 재앙이 일어나게 됩니다."

권력은 늘 달콤한 유혹이다. 루이 14세가 늘 즐겼던 달콤한 음식들처럼 말이다. 그 유혹을 참지 못하면 지독한 악취로 주변 사람들을 괴롭게 만들 수도 있고 그로 인해 자신의 명을 재촉할 수도 있다.

비참한 말로를 맞은 권력자들의 특징은 위에서 든 사례처럼, '멈추지 못했다'와 '듣지 않았다'라는 점에서 공통으로 발견된다.

재선하면 삼선을 하고 싶고, 삼선을 하면 아예 영구 집권을 꿈꾸게 된다. 권력을 향해 폭주 기관차처럼 달려가는 그들을 막지 못한 주변의 잘못도 적지 않다.

고언(苦言)을 하는 신하를 가까이 두는 건 어렵지만, 그것을 실천하는 군주가 되기는 더더욱 어려운 일이다. 그래서 폭군과 어리석은 혼군(昏君)이 되지 않는 지름길은 언제나 귀를 열어 두는 것이다.

2024년 12월 3일 오후 10시 25분. 나는 그 시각 라디오 생방송 스튜디오에 있었다.

생방송 주조정실에 설치된 대형 모니터에 '비상계엄 선포'라는 자막이 떴을 때, 나는 여느 사람들처럼 그것이 일종의 거짓 뉴스거나 자막 실수로 인한 방송사고라고 생각했다. 그리고 잠시 후 계엄 선포가 거짓이 아닌 사실로 확인됐을 때 앞으로 펼쳐질 일에 대한 두려움보다는 '왜?'라는 의문이 먼저 떠올랐다.

권력자들은 이 '왜'라는 평범한 질문에 언제나 답할 준비가 돼 있어야 한다.

이 평범한 질문조차 답할 수 없다면, 이미 독재의 길로 가고 있다는 강력한 신호이다. 그리고 그 독재의 끝이 어떠했는지는 더 이상의 설명이 필요 없을 것이다.

이 땅의 지도자들이 역사를 배워야 하는 이유이다.

❖ ❖ ❖

참고문헌

『레닌과 러시아 혁명』, 크리스토퍼 힐 지음, 반형광 옮김, 이론과 실천

『러시아 혁명사』, 猪木正道 지음, 한울림 편집부 옮김, 한울림

『팔라비와 호메이니』, 모하메트 팔라비 지음, 서수옥 옮김, 일신서적

『사담 후세인』, 김동문 지음, 시공사

『현대 중동의 탄생』, 데이비드 프롬킨 지음, 이순호 옮김, 갈라파고스

『줌인 러시아』, 이대식 지음, 삼성경제연구소

『아프리카의 운명』, 마틴 메러디스 지음, 이순희 옮김, 김광수 감수, 휴머니스트

『처음 읽는 아프리카의 역사』, 루츠 판 다이크 지음, 안인희 옮김, 웅진지식하우스

『라틴아메리카 변혁사』, 서경원 옮김, 백산서당

『중남미사』, 민만식, 강석영, 최영수 지음, 대우학술총서

『멕시코, 인종과 문화의 용광로』, 이준명 지음, 푸른역사

『체 게바라 평전』, 장 코르미에 지음, 실천문학사

『독재자가 되는 법』, 프랑코 디쾨터 지음, 고기탁 옮김, 열린책들

『역사란 무엇인가』, E. H Carr 지음, 김택현 옮김, 까치

『넬슨 만델라 평전』, 자크 랑 지음, 윤은주 옮김, 실천문학사

『전쟁의 풍경』, 후안 고이티솔로 지음, 고인경 옮김, 실천문학사

『선생님이 가르쳐 주지 않은 거짓말』, 제임스 W. 로웬 지음, 남경태 옮김, 휴머니스트

『민족분쟁 지도』, 아사이 노부오 지음, 윤길순 옮김, 자작나무

1 2024.12.18. 프레시안 〈실체 드러내는 시리아 집단 매장지〉 기사 중, 김효진 기자

2 2024.6.29. 세계일보 기사 중, 조성민 기자

3 『독재자가 되는 법』 pp.370~371, 프랑크 디쾨터 지음, 고기탁 옮김, 열린책들

4 명확한 크메르 한국어 표기법이 없어 일반적인 영어식 발음을 따라 표기한 것이며 '살로스' 혹은 '살로트'로 표기한 기록들도 있다.

5 『The Duvaliers and their legacy』 pp.91~92, Elizabeth Abbott(1988)

6 『Benito Mussolini, Crowd Psychologist』 pp.167~169, Iezzi, 『독재자가 되는 법』 p.70, 프랑크 디쾨터(재인용)

7 라테라노 조약은 1929년 2월 11일 이탈리아 왕국과 바티칸 시국이 라테라노 궁전에서 체결한 조약으로, 교황 비오 11세가 파견한 로마 교황청 대표 피에트 가스피리와 이탈리아 수상 자격으로 참가한 베니토 무솔리니가 교섭

에 나서 맺은 조약이다. 이 조약으로 바티칸 시국은 국제적으로 독립적 지위를 보장받았다.

8 푸이는 선통제(宣統帝)의 본명으로 한자 부의(溥儀)의 중국식 발음이다. 마지막 황제라 하여 말제(末帝)라고도 하고 중국식 명칭인 선통제(宣統帝)를 사용하기도 한다.

9 원세개는 한국식 한자 발음이며 위안스카이는 국립국어원에서 지정한 중국어 한글 표기법에 따른 것이다. 최근 교과서에는 '원세개'보다는 '위안스카이'로 표기하는 것이 일반적이다.

10 장훈복벽은 중국의 군벌 장훈(張勳)이 1917년 7월 1일 베이징을 점령하고 신해혁명으로 멸망한 청나라의 부활을 선포하고 선통제 푸이를 복귀시킨 사건을 말한다.

11 중국에서는 황제가 죽으면 시신의 입에 진주를 넣어 매장하는데, 진주는 용이 물고 있는 여의주를 상징한다.

12 기원전 480년 9월 살라미스에서 페르시아와 그리스 연합군 간에 벌어진 해전. 이 전투에서 그리스는 수적 열세에도 불구하고 페르시아 해군을 격파해 페르시아와의 전쟁에서 중대한 전환점을 만들었다.

13 『아프리카의 운명』 p.750, 마틴 메러디스 지음, 이순희 옮김, 김광수 감수, 휴머니스트

14 2006.12.15. The Independent 'Diplomat's Suppressed Document Lays Bare the Lies Behind Iraq War', Colin Brown & Andy McSmith

15 2003.4.5. New York Times 'Bush aids says US, not UN, will rebuild

Iraq', David E. Sanger

16 당시 사형 장면을 촬영한 이라크 국영 TV 누리 알마세디가 뉴욕 타임스와 나눈 인터뷰 내용 중

17 스페인어 cientifico는 '과학적인'이라는 뜻으로 영어의 scientific에 해당한다.

18 『멕시코, 인종과 문화의 용광로』p.238, 이준명 지음, 푸른역사

19 4차 중동 전 당시 이집트군의 실질적인 지휘권자는 무바라크가 아닌 이집트 참모총장 사드 엘 샤즐리 육군 중장이라는 주장도 있다. 무바라크의 4차 중동전 당시 전과의 상당 부분이 무바라크의 집권 정당성을 강화하기 위한 일종의 프로파간다일 가능성도 제기되는 대목이다.

쫓겨난 권력자

무도한 시대, 무도한 권력자들의 최후

글 박천기
발행일 2025년 2월 10일 초판 1쇄

발행처 디페랑스
발행인 노승현
책임편집 민이언
출판등록 제2011-08호(2011년 1월 20일)
주소 서울특별시 마포구 양화로81 320호
전화 02-868-4979 팩스 : 02-868-4978

이메일 davanbook@naver.com
인스타그램 @davanbook

ISBN 979-11-94267-17-1 03340

＊「디페랑스」는 「다반」의 인문, 예술 출판 브랜드입니다.